Claudia Haertlmayr | Kerstin Wöhrle

Rechtschreiben selbstständig üben

Ich werde Rechtschreib-Profi!

Klasse 2

Lehrerband
Fördermaterialien, Lernzielkontrollen, Lösungen

Verlag an der Ruhr

Impressum

Titel
Rechtschreiben selbstständig üben
Ich werde Rechtschreib-Profi! – Klasse 2
Lehrerband – Fördermaterialien, Lernzielkontrollen, Lösungen

Autorinnen
Claudia Haertlmayr, Kerstin Wöhrle

Titelbildmotiv
Norbert Höveler

Illustrationen
Norbert Höveler u.a.

Verlag an der Ruhr
Mülheim an der Ruhr
www.verlagruhr.de

Geeignet für die Klasse 2

Unser Beitrag zum Umweltschutz
Wir sind seit 2008 ein ÖKOPROFIT®-Betrieb und setzen uns damit aktiv für den Umweltschutz ein. Das ÖKOPROFIT®-Projekt unterstützt Betriebe dabei, die Umwelt durch nachhaltiges Wirtschaften zu entlasten. Unsere Produkte sind grundsätzlich auf chlorfrei gebleichtes und nach Umweltschutzstandards zertifiziertes Papier gedruckt.

Ihr Beitrag zum Schutz des Urhebers
Das Werk und seine Teile sind urheberrechtlich geschützt. Jede Verwendung in anderen als den gesetzlich zugelassenen Fällen bedarf der vorherigen schriftlichen Einwilligung des Verlages. Im Werk vorhandene Kopiervorlagen dürfen für den eigenen Gebrauch in der jeweils benötigten Anzahl vervielfältigt werden. Die dazu notwendigen Informationen (Buchtitel, Verlag und Autor) haben wir für Sie als Service bereits mit eingedruckt. Diese Angaben dürfen weder verändert noch entfernt werden. Bitte beachten Sie die Informationen unter **schulbuchkopie.de**.
Der Verlag untersagt ausdrücklich das digitale Speichern und Zurverfügungstellen dieses Buches oder einzelner Teile davon im Intranet (das gilt auch für Intranets von Schulen und Kindertagesstätten), per E-Mail, Internet oder sonstigen elektronischen Medien. Kein Verleih. Zuwiderhandlungen werden zivil- und strafrechtlich verfolgt.

2., überab. Aufl. © Verlag an der Ruhr 2014

ISBN 978-3-8346-2549-6

Printed in Germany

Den Rechtschreib-Profi gibt es auch für die Klassen 3 und 4. Weitere Informationen finden Sie auf S. 96.

Arbeitsheft Klasse 3
94 S. A4, Heft
ISBN 978-3-8346-0364-7
Best.-Nr. 60364

Arbeitsheft Klasse 4
98 S. A4, Heft
ISBN 978-3-8346-0365-1
Best.-Nr. 60365

Inhaltsverzeichnis

4 Vorwort

Allgemeine Materialien

8 Jetzt geht's los!
10 Holistri schreiben
11 Mein Nomenplakat
12 Meine Verbenbälle
13 Mein Adjektivriese
14 Mein Fehlerwörter-Bello
15 Meine Lieblingswörter-Pizza
16 Arbeit mit eigenen Texten

Lernzielkontrollen und Fördermaterialien

18 Test 1: Nomen und Silben
20 Z 1 – Nomen erkennen
21 Z 2 – Nomen-Rätsel
23 Z 3 – Silbentrennung

24 Test 2: Nomen
26 Z 4 – Nomen und ihre Begleiter
27 Z 5 – Nomen in Einzahl und Mehrzahl
28 Z 6 – Zusammengesetzte Nomen

29 Test 3: Verben
31 Z 7 – Vokale und Konsonanten
32 Z 8 – Verben erkennen
33 Z 9 – Verben und ihre Endungen

34 Test 4: Adjektive und sonstige Wörter
36 Z 10 – Adjektive erkennen
37 Z 11 – Adjektive und das Gegenteil

38 Test 5: Wörter mit -er und -el, Zwielauten, Umlauten
40 Z 12 – Zwielaute ei, au, eu
41 Z 13 – Umlaute

42 Test 6: Kleine Wörter, ABC
44 Z 14 – Kleine Wörter, ABC
45 Z 15 – Groß- und Kleinschreibung im Text

46 Test 7: Wörter mit ä und äu
48 Z 16 – Wörter mit ä und äu

49 Test 8: Wörter mit ie, Wörter mit st und sp
51 Z 17 – Wörter mit ie
52 Z 18 – Wörter mit sp und st

53 Test 9: Wörter mit Doppelkonsonanten, mit ck und tz
55 Z 19 – Wörter mit Doppelkonsonanten

56 Test 10: Wörter mit d oder t, b oder p, g oder k am Ende
58 Z 20 – Wörter mit d oder t am Ende

59 Test 11: Merkwörter mit h und Merkwörter mit v

61 Test 12: Merkwörtermix

Lösungen zum Arbeitsheft

63 „Ich werde Rechtschreib-Profi! – Klasse 2"

96 Literaturhinweise

Vorwort

Liebe Kollegen*!

Sie haben sich entschieden, mit dem **Arbeitsheft „Ich werde Rechtschreib-Profi!"** und dem **Lehrerband** zu arbeiten. Dadurch werden Sie allen Anforderungen an einen **zeitgemäßen Rechtschreibunterricht** gerecht.

Das Arbeitsheft:

- Die Kinder **arbeiten individuell** und können die Aufgaben ihrem Arbeitstempo und ihrem Leistungsstand anpassen.
- Sie lernen, sich **selbst zu kontrollieren** und zu verbessern.
- Sie erarbeiten einen **Grundwortschatz**, wie er in den Lehrplänen einiger Bundesländer verlangt wird. Der Wichtige-Wörter-Wortschatz in diesem Band berücksichtigt die Lernwörterliste des bayerischen Lehrplans für Klasse 1/2.
- Sie finden alle **WW-Wörter** in Texte eingebettet, um ein isoliertes Wörterüben zu vermeiden.
- Jede Übungseinheit behandelt **einen Rechtschreibfall** und bietet den Kindern im Sinne des **forschend-entdeckenden** Lernens die Möglichkeit, Rechtschreibstrategien zu erkennen und anzuwenden.
- Das Erreichen der Bildungsstandards im Rechtschreiben ist Ziel des Lehrgangs.

Der Lehrerband:

- Das **Fördermaterial** zu jedem Kapitel unterstützt die Kinder zielgenau.
- Die Vorschläge für **Tests** orientieren sich an den Kapiteln im Arbeitsheft und den bekannten Aufgabenformaten, systematisch und kompetenzorientiert.
- Weitere Kopiervorlagen runden den Rechtschreibunterricht ab.

Notwendige Materialien für jedes Kind:

- das **Arbeitsheft „Ich werde Rechtschreib-Profi! – Klasse 2"**
- ein zusätzliches **Schreibheft**
- eine laminierte **„Jetzt geht's los!"-Vorlage**
- ein wasserlöslicher **Folienstift**

---

* Aus Gründen der besseren Lesbarkeit haben wir in diesem Buch durchgehend die männliche Form verwendet. Natürlich sind damit auch immer Frauen und Mädchen gemeint, also Lehrerinnen, Schülerinnen etc.

Zusätzliche Übungsformen konkret

„Jetzt geht's los" (S. 8/9)

Mit dieser Vorlage haben Sie die Möglichkeit, wichtige **Strukturen des richtigen Schreibens** bei Ihren Schülern **nachhaltig zu verankern**. Durch die Wiederholung prägen sich Schreibungen auch bei schwächeren Schülern ein. Idealerweise laminieren Sie die Vorder- und Rückseite der „Jetzt geht's los!"-Kopiervorlage für jedes Kind. Sie können jeweils einzelne Übungen durchführen. Sie brauchen **nicht alle Übungsformen an einem Tag** zu bearbeiten. Scheuen Sie nicht davor zurück, auch andere Aufwärmphasen zu gestalten, z.B. mit der Lauttabelle am Ende des Arbeitsheftes (Erläuterung in diesem Vorwort auf Seite 6). Vergessen Sie nicht, die Ergebnisse zu besprechen. Verwenden Sie dafür eine Zeit von 5–10 Minuten und entlassen Sie die Kinder dann in die selbstständige Arbeit.

1. Satz des Tages in der Holistri-Schreibweise

Wählen Sie oder die Kinder einen Satz des Tages. Er wird auf folgende Weise notiert:
- für jedes großgeschriebene Wort ein senkrechter Strich, ein „hoher" Strich (|)
- für jedes kleingeschriebene Wort ein waagerechter Strich, ein „liegender" Strich (—)
- Satzzeichen werden übernommen.

Hohe und **li**egende **Stri**che = **Holistri**

Dies richtet die Aufmerksamkeit der Kinder auf die Groß- und Kleinschreibung, alles andere wird ausgeblendet.

2. Hokus Pokus Silbikus

Hier werden die Wörter in ihre Silben zerlegt und nach dem vokalischen Silbenkern eingeordnet. Mit der Fähigkeit, Wörter in Silben zu zerlegen, lassen sich viele Rechtschreibschwierigkeiten bewältigen. Sie können aktuelle, bereits behandelte oder unbekannte Wörter benutzen.

Weitere Aufgaben:
- Finde besonders lange Wörter.
- Finde zweisilbige Wörter mit ganz bestimmten Vokalen, z.B. ü + e.

3. „Im Schrank sind die Silben so allein"

Hier sortieren die Kinder die Silben aus dem Schrank wieder zurück und schreiben die vollständigen Lernwörter hin. Dies ist eine gute Übung, um Buchstabenauslassungen zu vermeiden und auch die Schreibung von Wörtern mit Doppelkonsonanten zu üben. Alternativ können die Kinder aus den Silben auch neue Wörter bilden.

Vorwort

4. Wörterbingo

Diktieren Sie neun Lernwörter. Die Kinder schreiben die Wörter an den Platz ihrer Wahl. Lesen sie jetzt die Wörter in geänderter Reihenfolge vor. Wer drei Wörter in einer Zeile oder drei in einer Spalte hat, steht auf. Am Ende sollte die ganze Klasse stehen. Als alternative Wettbewerbsvariante, die das Abschreiben schult, können Sie auch mehr als neun Wörter an die Tafel schreiben. Die Kinder schreiben dann neun beliebige Wörter ab. Wer als Erster eine Zeile oder Spalte vollständig hat, hat gewonnen.

Holistri schreiben (S. 10)

Mit dieser Vorlage können Sie mit den Kindern mehrere Holistri-Sätze hintereinander schreiben. Sie verfahren dabei wie in Punkt 1 erklärt. Die Vorlage erlaubt Sätze von bis zu 15 Wörtern, wobei die Satzzeichen mitgezählt werden.

Tipps:
- Laminieren Sie diese Kopiervorlage und lassen Sie die Kinder mit Folienstift arbeiten.
- Die Vorlage können Sie auch für Partnerdiktate mit gegenseitiger Kontrolle nutzen.

„Wörtersammelblätter" (S. 11–15)

Hier können die Kinder Lernwörter, eigene Wörter oder Wörter des Klassenwortschatzes entsprechend der Wortart und/oder des Rechtschreib-Phänomens, der Beliebtheit oder des Wissensstandes sammeln. Auf diese Weise erschließt sich sukzessive ein eigener Grundwortschatz. Sie können den Kindern auch pro Rechtschreibfall ein Blatt kopieren und sie dort eigene Wörter sammeln lassen.

„Arbeit mit eigenen Texten" (S. 16)

Mit dieser Vorlage können Sie die Kinder anregen, auch in eigenen oder fremden Texten nach bestimmten Rechtschreib-Phänomenen oder Wortarten zu suchen. Auch der individuelle Wortschatz wird hier zum Thema.

Die Tests

Bei den **WW-Diktaten** (Lernwörterdiktate) wählen Sie selbst entsprechende Wörter oder Sätze aus den jeweiligen Kapiteln aus. Die **Bepunktungen** nehmen Sie ebenso selbst vor. Wie viele Punkte es pro Aufgabe geben soll, sollten Sie also vor dem Kopieren der Tests für die ganze Klasse auf die Vorlagen eintragen.

- **Test 1: Nomen und Silben** (S. 18) zu den Seiten 4–9 im Arbeitsheft
- **Test 2: Nomen** (S. 24) zu den Seiten 10–13 im Arbeitsheft
- **Test 3: Verben** (S. 29) zu den Seiten 14–19 im Arbeitsheft
- **Test 4: Adjektive und sonstige Wörter** (S. 34) zu den Seiten 20–23 im Arbeitsheft
- **Test 5: Wörter mit -er und -el, Zwielauten, Umlauten** (S. 38) zu den Seiten 24–31 im Arbeitsheft
- **Test 6: Kleine Wörter, ABC** (S. 42) zu den Seiten 34–39 im Arbeitsheft
- **Test 7: Wörter mit ä und äu** (S. 46) zu den Seiten 40/41 im Arbeitsheft
- **Test 8: Wörter mit ie, Wörter mit st und sp** (S. 49) zu den Seiten 42–45 im Arbeitsheft
- **Test 9: Wörter mit Doppelkonsonanten, mit ck und tz** (S. 53) zu den Seiten 46–53 im Arbeitsheft
- **Test 10: Wörter mit d oder t, b oder p, g oder k am Ende** (S. 56) zu den Seiten 54–57 im Arbeitsheft
- **Test 11: Merkwörter mit h und Merkwörter mit v** (S. 59) zu den Seiten 58–61 im Arbeitsheft
- **Test 12: Merkwörtermix** (S. 61) zu den Seiten 62–65 im Arbeitsheft

So arbeiten die Kinder mit dem Arbeitsheft

Wenn Sie für **jedes Kapitel im Arbeitsheft eine Woche Zeit** einplanen, haben Sie am Ende des Schuljahres den gesamten **Grundwortschatz für die Klasse 1/2** (WW-Liste am Ende des Heftes) forschend-entdeckend, systematisch und kompetenzorientiert geübt:

Hierzu empfiehlt es sich, **zwei Unterrichtseinheiten wöchentlich** anzusetzen, z.B. in Freiarbeit, Wochenplan oder gemeinsamer Arbeitszeit, und die Kinder auch zu Hause mit dem Arbeitsheft arbeiten zu lassen.

Die **Hinführungen zu den Rechtschreib-Themen** sollten Sie mit der Klasse gemeinsam erarbeiten, z.B. über Beobachtungen zu Gemeinsamkeiten bei den Lernwörtern eines Kapitels. Auch Sammel-, Such- und Sortieraufgaben eignen sich hier gut. Dafür bietet sich besonders die **Think-Pair-Share-Methode** an, auch „Ich-du-wir", oder „1-2-4-alle" genannt: Hierbei überlegen sich die Kinder zunächst alleine eine Lösung oder Beispielwörter, danach vergleichen sie mit einem Partner und schließlich finden sich zwei Partner-Paare zusammen oder es wird in der Klasse verglichen.

Vorwort

Auf diese Weise können Sie ganz einfach alle Kinder aktivieren und kooperative Lernmethoden in Ihren Unterricht einbauen.

Da sich das **Arbeitsheft „Ich werde Rechtschreib-Profi! – Klasse 2"** in 31 Kapitel gliedert, verteilt sich der Stoff gut über das Schuljahr. In der Regel bearbeitet jedes Kind alle Aufgaben im Arbeitsheft. Dazu sollen **je nach Leistungsstand Übungen aus den zusatzaufgaben** im Arbeitsheft (S. 71–72) ergänzend bearbeitet werden. Die Aufgaben zu den Wörtern (**W**) und Lernwörtertexten (**T**) teilen Sie zu oder überlassen die Verantwortung für die richtige Auswahl den Schülern. Je nach Bedarf können Sie die Aufgaben in Einzel-, Partner- oder Gruppenarbeit bzw. auch zu Hause lösen lassen.

Schwächeren Schülern können Sie nur einen Teil der Aufgaben zuteilen, für sie Förder-/Zusatzmaterialien (**Z**) aus diesem Band auswählen und/oder ihnen einen Zeitbonus einräumen.

Nach und nach sollten Sie mit den Kindern auch anbahnen, den eigenen Lernstand einzuschätzen. Hierzu können Sie, z.B. in einer Schülersprechstunde, mit einzelnen Kindern oder Kleingruppen **Lernentwicklungsgespräche** führen: Womit sind die Kinder zufrieden? Was haben sie neu gelernt? Woran müssen sie noch arbeiten? Was können sie noch nicht so gut? So lernen die Kinder mit der Zeit immer besser, ihre Lernentwicklung zu beobachten und Verantwortung für ihr Lernen zu übernehmen, auch wenn das im 2. Schuljahr nur eingeschränkt möglich ist. Evtl. können Sie die Kinder auch bereits ein Lerntagebuch oder Portfolio führen lassen, in dem sie ihre Entwicklung dokumentieren und reflektieren.

Zu Beginn jedes Kapitels im Arbeitsheft findet sich eine **Rechtschreibregel**. Diese ist als Gedankenstütze für die Kinder gedacht. Es empfiehlt sich, sie vorab gemeinsam mit der Klasse zu erarbeiten.

Die Kinder haben durch die **Lösungsblätter** in diesem Band die Möglichkeit, ihre Arbeit selbst zu überprüfen. Wenn die Kinder die Selbstkontrolle geübt haben, entstehen für Sie Freiräume für Beobachtung und Förderung.

Aufgaben mit dem **Heftsymbol** bearbeiten die Kinder in einem extra Heft.

Die **Lauttabelle für die Wörter des Tages** im hinteren Umschlag des Arbeitsheftes können Sie alternativ oder zusätzlich zur „Jetzt geht's los!"-Vorlage einsetzen. Dafür braucht jedes Kind eine größere Anzahl (Wende-)Plättchen oder Steinchen. Sie (oder auch ein Kind) diktieren mehrere oder alle der aktuellen Lernwörter. Für jeden Laut, den die Kinder hören, legen sie ein Plättchen ab. Dies lenkt die Aufmerksamkeit noch einmal auf das genaue Abhören der Wörter sowie auf Laute, die durch eine Buchstabenkombination verschriftet werden (z.B. sch, au …). Die Diphtonge sollten Sie dabei extra thematisieren, da sie evtl. nicht als ein Laut wahrgenommen werden. Diese Aufgabe ist besonders für das erste Halbjahr und/oder für schwächere Schüler eine Hilfe. Alternativ können Sie natürlich auch Wörter aus dem gerade aktuellen thematischen Wortschatz der Klasse nehmen oder die Kinder die Aufgabe in Partnerarbeit lösen lassen. Auch können die Wörter schriftlich präsentiert werden und dann auf ihre Laute abgehört werden. Wenn sie eine auf zwei Seiten geschlossene Klarsichthülle über die Seite stülpen, können die Kinder statt mit Plättchen auch mit einem abwaschbaren Folienstift arbeiten.

So wird korrigiert

Die **Lösungen** ab S. 64 in diesem Band kopieren Sie am besten auf DIN-A4-Größe. Wenn Sie diese in der Klasse auslegen, können die Schüler ihre Aufgaben stetig selbst kontrollieren. Möglicherweise ist es daher ausreichend, wenn Sie jede Woche nur einen Teil der Hefte einsammeln. Hierbei erkennen Sie, wie gewissenhaft die Schüler arbeiten, kontrollieren und verbessern.

… und was wir noch sagen wollten …

Wir haben Ihnen und Ihren Schülern mit „Ich werde Rechtschreib-Profi! – Klasse 2" ein Material an die Hand gegeben, welches das Lernen und Lehren einfacher macht. Wir versuchen, die große Herausforderung, richtig schreiben zu lernen, in überschaubare und strukturierte Einheiten einzuteilen. Ebenso wollen wir Ihnen ein Material zur Verfügung stellen, das eine hohe Unterrichtsqualität ermöglicht und Ihre Schüler auf ihrem Weg zu Rechtschreibkompetenz und Selbstständigkeit zielgerichtet unterstützt.

Wir wünschen viel Freude und Erfolg bei der Arbeit mit „Ich werde Rechtschreib-Profi! – Klasse 2" und grüßen Sie ganz herzlich

Claudia Haertlmayr und *Kerstin Wöhrle*

Allgemeine Materialien

Jetzt geht's los! 1/2

1. Satz des Tages in der Holistri-Schreibweise.

1	2	3	4	5	6	7	8	9	10	11	12	13	14

2. „Hokus Pokus Silbikus" – die Silbe in den Schrank rein muss.

Jetzt geht's los! 2/2

**3. Im Schrank sind die Silben so allein –
wollen wieder als Wörter zusammensein!**

4. Wörterbingo

Allgemeine Materialien Name:

Holistri schreiben

Weißt du noch, wie du Holistri schreibst?

| Groß geschriebene Wörter: | klein geschriebene Wörter: — |

Satz 1:

Satz 2:

Satz 3:

Satz 4:

Satz 5:

Satz 6:

Satz 7:

Satz 8:

Satz 9:

Name: Allgemeine Materialien

Mein Nomenplakat

Nomen, die ich schreiben kann

Meine Verbenbälle

Verben, die ich schreiben kann

Name:

Allgemeine Materialien

Mein Adjektivriese

**Adjektive,
die ich schreiben kann**

Mein Fehlerwörter-Bello

Wörter, die ich noch üben muss und bei denen ich gut aufpassen muss

Meine Lieblingswörter-Pizza

**Wörter,
die mir wichtig sind**

Arbeit mit eigenen Texten

1. Kreise die Nomen _____ ein.

2. Kreise die Verben _____ ein.

3. Kreise die Adjektive _____ ein.

4. Markiere die Wörter mit _____ mit Leuchtstift.

5. Ziehe Trennstriche in alle Wörter, die du trennen kannst.

6. Unterstreiche deine 10 schwierigsten Wörter rot.

7. Unterstreiche deine „Kann-ich"-Wörter grün.

8. Finde für dich selbst eine Lernaufgabe.
   Schreibe auf, wie du übst.

9. Finde einen oder mehrere Partner und übt gemeinsam.
   Schreibe auf, wie ihr übt.

Erledigt habe ich:

| 1. | 2. | 3. | 4. | 5. | 6. | 7. | 8. | 9. |

Lernzielkontrollen und Fördermaterialien

Test 1

Nomen und Silben 1/2

Name: _____ Datum: _____ Kl.: _____

1. WW-Diktat. Höre genau hin und schreibe die Wörter auf.

_____

_____

_____

☐ /

2. Bist du ein Nomen-Profi? Kreuze die richtigen Sätze an.

☐ Nomen schreibe ich nur am Satzanfang groß.
☐ Nomen können in der Mehrzahl stehen.
☐ Neben einem Nomen steht immer ein Artikel.
☐ Nomen geben nur Menschen einen Namen.

☐ /

3. Welche Wörter sind Nomen? Male die Felder aus.

BLUME	SEHEN	WÖRTER	SUCHEN
ZUM	BUCH	LAUFEN	GRAS
TASCHEN	HOSEN	BRINGEN	SINGEN

☐ /

4. Ergänze bei jedem Nomen der, die oder das.

____ Familie   ____ Tante   ____ Gesicht

____ Wurzel   ____ Onkel   ____ Bein

____ Ente   ____ Busch   ____ Seife

☐ /

Test 1

Nomen und Silben 2/2

Name: _____ Datum: _____ Kl.: _____

5. Ordne diese Nomen nach der Anzahl ihrer Silben. Schreibe getrennt.

die Tomate ◆ der Kopf ◆ das Gras ◆ die Aufgabe ◆ die Ente ◆ die Schule ◆ die Tante ◆ das Buch ◆ die Postkarte

1 Silbe	2 Silben	3 Silben

/

6. Ordne nach Menschen, Tieren und Pflanzen. Achte auf die Regeln zum Abschreiben.

die Oma ◆ die Blume ◆ der Igel ◆ der Hase ◆ die Birne ◆ der Löwe ◆ der Opa

Menschen	Tiere	Pflanzen

/

7. In jedem Satz sind Fehler. Schreibe den Satz richtig daneben.

Di ampel ist rot.

die familie Ist im Haus.

/

Von _____ **Punkten** hast du _____ **Punkte** erreicht.

Name:

Z1 ➡ Nomen erkennen

1. **Kreuze alle Nomen in der Spalte** Nomen? **an.**

2. **Kreuze an, ob das Nomen ein Mensch, ein Tier, eine Pflanze oder ein Ding ist.**

3. **Schreibe das Nomen noch einmal in die letzte Spalte. Markiere den Anfangsbuchstaben rot.**

Wort	Nomen?	Mensch	Tier	Pflanze	Ding	Nomen
JUNGE	X	X				Junge
REDEN						
TASCHE						
LAUFEN						
TELEFON						
BLUME						
ALSO						
TRAURIG						
OPA						
ONKEL						
LÖWE						
HASEN						
AMPEL						

Ich werde Rechtschreib-Profi!

Z2 ➡ Nomen-Rätsel 1/2

1. In jeder Reihe findest du ein Wort, das kein Nomen ist. Streiche es durch.

① **A** FEIN **S** MANDARINE **D** BLUME **R** FISCH

② **T** ONKEL **K** TOMATE **E** MEISE **P** KALT

③ **I** JUNGE **F** HALTEN **M** ENTE **W** OPA

④ **U** SALAT **A** HASE **N** TANTE **E** FRISCH

⑤ **Z** GRAS **L** LANG **S** BIRNE **A** HUT

⑥ **H** DOSE **E** KAMEL **B** LESEN **O** BUCH

⑦ **A** TANZEN **U** TOR **R** LINEAL **G** RABE

⑧ **L** ELTERN **A** HEFT **F** AMSEL **U** BRAUN

⑨ **M** VIEL **E** KRONE **T** WURZEL

2. Trage die Stern-Buchstaben der durchgestrichenen Wörter in die Kästchen ein. Schreibe das Lösungswort auf.

①	②	③	④	⑤	⑥	⑦	⑧	⑨

Das Lösungswort heißt:

Z2 ➡ Nomen-Rätsel 2/2

3. Dieser Vogel hat sich in Aufgabe 1 versteckt. Schreibe seinen Namen dazu.
Finde Nomen für seine Körperteile. Das Wörterbuch hilft dir.

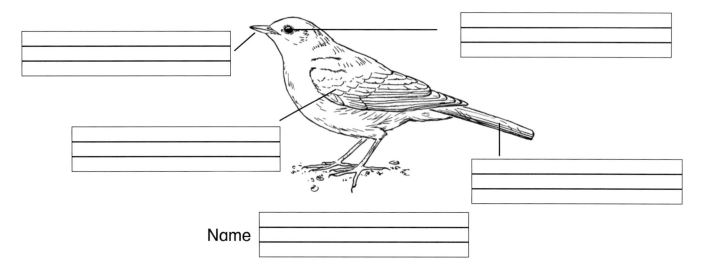

Name

4. Trage alle Nomen von Aufgabe 1 in die Tabelle ein.

Menschen	Tiere	Pflanzen	Dinge

Name:

Z3 ➡ Silbentrennung

1. Zeichne die Silbenbögen richtig ein.

Nase   Sekunde   Telefon   Wurzel   Wort

Kopf   Juli   Salamibrot   Boden   Salz

2. Schreibe die Wörter in Silben getrennt auf.

Boden: Bo - den   Minute:

Nebel: Traube:

Temperatur: Ende:

3. Finde die Silben, die zusammen wichtige Wörter bilden.
   Male sie in der gleichen Farbe an. Vergleiche mit einem Partner.

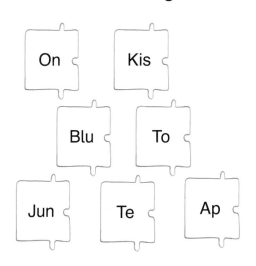

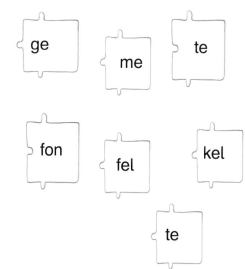

4. Schreibe deine Wörter von Aufgabe 3 in die Tabelle.
   Ordne nach der Anzahl der Silben.

2 Silben	3 Silben

Test 2

Nomen

Name: _____   Datum: _____   Kl.: _____

1. WW-Diktat. Höre genau hin und schreibe die Wörter auf.

_____ /

2. Erkennst du die Wörter? Schreibe sie richtig daneben.

gaAufbe _____   choWe _____

lPfazne _____   eSchre _____

_____ /

3. Schreibe die Wörter in der Mehrzahl auf.

Buch _____   Seife _____   Brot _____

Schule _____   Aufgabe _____

_____ /

4. Verbinde die Wörter mit dem richtigen Artikel.

der   die   das

Salz   Aufgabe   Zeit   Wort   Garten   Schere   Regen

_____ /

Test 2

Name: Seite 2

5. Betrachte das Beispiel und arbeite so weiter.

Hausaufgabe = das Haus + die Aufgabe

Regenschirm =

Gartenhaus =

/

6. Bilde vier zusammengesetzte Nomen aus diesen Wörtern. Du musst nicht alle Wörter benutzen.

Schule • Woche • Zeit • Schere

Aufgabe • Garten • Tor • Haus

/

7. Hier ist etwas durcheinandergeraten. Schreibe richtig.

Blumenkabel • Familienerde • Hosenblase

Telefonfest • Seifentasche

/

Von _____ **Punkten** hast du _____ **Punkte** erreicht.

Z4 → Nomen und ihre Begleiter

1. Setze die Artikel ein und eine ein.

ein	Hase		Hose		Auto
	Buch		Flasche		Ente
	Onkel		Nase		Eis
	Schule		Auge		Frau
	Mutter		Vater		Hut
	Heft		Brot		Milch

**2. Trage die folgenden Nomen beim richtigen Artikel ein.
Vergleiche mit einem Partner.**

♦ Bus ♦ Buch ♦ Tochter ♦ Gras ♦ Tafel ♦ Tisch ♦
Ende ♦ Tasche ♦ Haus ♦ Apfel ♦ Tür ♦ Löwe

der	die	das

Z5 → Nomen in Einzahl und Mehrzahl

1. Unterstreiche alle Nomen in der Einzahl blau.
   Unterstreiche alle Nomen in der Mehrzahl rot.

   Wort • Tage • Heft • Kreise • Sonne •

   Briefe • Kräuter • Gras • Pflaumen • Tiere •

   Bett • Zeilen • Bücher • Kind • Garten •

2. Fülle die Tabelle richtig aus. Das Beispiel hilft dir. Vergleiche mit einem Lernpartner. Überprüft Lösungen mit dem Wörterbuch, wenn ihr nicht sicher seid.

Einzahl	Mehrzahl	Einzahl	Mehrzahl
der Fisch	die Fische	das Fenster	die Fenster
	die Familien	die Tomate	
das Nest		das Gras	
das Glas			die Gesichter
	die Büsche	das Kind	
	die Omas	der Igel	
die Blüte		die Nase	
	die Arme		die Dörfer
das Auto		der Kopf	

Z6 → Zusammengesetzte Nomen

1. Ergänze die Sätze.

Ein **Brot** mit **Tomaten** ist ein Tomatenbrot.

Ein **Haus** auf einem **Baum** ist ein _____.

Ein **Buch** zum **Lesen** ist ein _____.

Ein **Salat** aus **Gurken** ist ein _____.

2. Bilde zusammengesetzte Nomen.

 +  = _____

Schule + Haus = _____

Birne + Kuchen = _____

Gemüse + Suppe = _____

3. Verbinde die Wörter richtig. Schreibe die zusammengesetzten Nomen in die Zeilen daneben.

Tomaten • • Schirm

Kuchen • • Zeiger

Uhr • • Aufgabe

Regen • • Gabel

Haus • • Salat

Ich werde Rechtschreib-Profi!

Test 3

Verben

Name: Datum: Kl.:

1. WW-Diktat. Höre genau hin und schreibe die Wörter auf.

/

2. Erkennst du die Verben? Male die Felder aus.

WERDEN	LOB	RABEN	SCHNEIDEN
TRINKEN	TOR	GEBEN	GARTEN
LESEN	DANK	AUFGABE	ANTWORT

/

3. Setze die Verben in die richtige Form. Das Beispiel hilft dir.

	sagen	trinken	halten
ich	sage		
du	sagst		
er/sie/es	sagt		
wir	sagen		
ihr	sagt		
sie	sagen		

/

Test 3

Name: Seite 2

4. Kreise alle Vokale rot und alle Konsonanten blau ein.

a   b   r   e   s   t   i   o   p   u   m   s

/

5. Ergänze bei diesen WW die richtigen Konsonanten.

tur__en • schnei__en • re__en • si__gen

suche__ • b__eiben • fra__en • wa__ten

/

6. Setze das Verb haben richtig ein.

Nico [____] zum Geburtstag ein neues Rad bekommen.

Er wollte es, weil einige seiner Freunde es auch [____].

In der Schule fragt er die anderen: „[____] ihr auch

so ein schönes Rad?" Kevin schaut ihn an und meint: „Du [____]

zwar ein schönes Rad, aber du brauchst damit nicht so anzugeben."

/

7. Markiere in jeder Zeile den Fehler. Schreibe das falsche Wort richtig auf.

singen • rufn • suchen

Bewegen • schneiden • lesen

bleiben • abeiten • werden

/

Von ____ **Punkten** hast du ____ **Punkte** erreicht.

Z7 → Vokale und Konsonanten

1. Male alle Vokale rot und alle Konsonanten blau an.
   Tipp: Es sind fünf Vokale.

2. Jede Silbe in der deutschen Sprache hat einen Vokal.
   Zeichne Silbenbögen ein. Markiere in jeder Silbe den Vokal.

Honigmelone ◆ Salatsoße ◆ Schulbushaltestelle

Fahrstuhl ◆ Schokoladenkuchen ◆ Notruf

Tomatensalat ◆ Nilpferdzahn ◆ Sonderangebot

3. Hier fehlen Konsonanten. Erkennst du die Wörter trotzdem? Ergänze.

E__te ◆ Fa__i__ie ◆ ba__en ◆ Ho__e ◆ O__ __el ◆

B__o__ ◆ Wo__ __ ◆ fra__en ◆ trin__en ◆ b__eiben

Z8 ⇨ Verben erkennen

1. Unterstreiche alle Verben rot.

ZEIT ◆ BRINGEN ◆ HOLEN ◆ NEBEL ◆ ARME ◆ LESEN
ENDE ◆ MALEN ◆ SINGEN ◆ WARTEN ◆ JULI ◆ NASE
HELFEN ◆ KIND ◆ TIMO ◆ RUFEN ◆ SAFT ◆ ZEIT
WORT ◆ RECHNEN ◆ LAUFEN ◆ APFEL ◆ BUCH

2. In jeder Reihe hat sich ein Wort versteckt, das kein Verb ist. Streiche es durch.

① E REIBEN — A TASCHEN — S LAUFEN — W LACHEN
② R BODEN — K KAUFEN — L SCHNEIDEN — A BETEN
③ O LOBEN — E BEWEGEN — B KEINEN — M HABEN
④ E MINUTEN — S ARBEITEN — P PFLEGEN — D SCHLAFEN
⑤ A LESEN — I ENTEN — N QUAKEN — G RUFEN
⑥ D SCHLAGEN — O HALTEN — U TRINKEN — T HEMDEN
⑦ E BESEN — B BADEN — L WASCHEN — U SAGEN
⑧ E BLEIBEN — N PUPPEN — A WARTEN — S LERNEN

3. Trage die Stern-Buchstaben der durchgestrichenen Wörter in die Kästchen ein. Schreibe das Lösungswort auf.

①	②	③	④	⑤	⑥	⑦	⑧

Das Lösungswort heißt:

Z9 → Verben und ihre Endungen

1. In jedem Sack stecken sechs Verben.
   Schreibe sie in der Grundform und in der passenden Form in die Tabelle.

bleiben, Schuhe, acht, turnen, bei, fangen, für, alle, Frau, warten, leben, groß, zwei, machen

Verb in der Grundform	verändertes Verb
bleiben	ich bleibe
	du
	er
	wir
	ihr
	sie

trinken, also, neu, haben, Schule, Fest, sehen, bauen, alt, legen, frisch, hier, singen

Verb in der Grundform	verändertes Verb
	ich
	du
	er
	wir
	ihr
	sie

Test 4

Adjektive und sonstige Wörter

Name: _____ Datum: _____ Kl.: _____

1. WW-Diktat. Höre genau hin und schreibe die Wörter auf.

2. Bist du schon ein Adjektiv-Profi? Kreuze die richtigen Sätze an.

☐ Adjektive schreibt man nie groß.
☐ Adjektive schreibt man am Satzanfang groß.
☐ Adjektive schreibt man immer so, wie man sie spricht.
☐ Adjektive sagen, wie Menschen, Tiere, Pflanzen und Dinge sind.

3. Erkennst du die Wörter, die die Schlange gefressen hat?
Kreise jedes Wort ein. Male die Kreise mit Adjektiven aus.

LEBENBUNTSOKLEINNUNFREUENLAUT

4. Findest du das Gegenteil? Schreibe es richtig auf.

Was nicht **schlecht** ist, ist _____ .

Was nicht **tief** ist, ist _____ .

Wer nicht **gesund** ist, ist _____ .

Was nicht **laut** ist, ist _____ .

Test 4

Name: Seite 2

5. Simon schreibt alles richtig.
   Welche Zahlwörter hat Simon geschrieben? Kreise sie ein.

1 ains ◆ einz ◆ eins   2 zwei ◆ zwai ◆ Zwei

3 drai ◆ drei ◆ trei   11 ölf ◆ elf ◆ elv

8 achd ◆ Acht ◆ acht   5 fünf ◆ fünv ◆ fümf

/

6. Ergänze richtig.

bun___ ◆ kran___ ◆ leich___ ◆ schwar___

/

7. Setze die Adjektive in die richtige Form.

Frau Huber ist schon sehr _____ .
(alt)

Sie hat einen _____ Hund.
(krank)

Dieser _____ Hund ist _____
(klein)   (braun)

und hat _____ Augen.
(schwarz)

/

8. Markiere in jeder Reihe den Fehler. Schreibe das falsche Wort richtig auf.

morgen ◆ rosa ◆ krau   _____

Leicht ◆ zwei ◆ braun   _____

/

Von _____ **Punkten** hast du _____ **Punkte** erreicht.

Z 10 → Adjektive erkennen

1. Kreise jedes Wort ein. Male alle Adjektive grün aus.

ALTHOCHHARTSUSANNETISCHWURZEL

2. In jeder Reihe hat sich ein Wort versteckt, das kein Adjektiv ist. Streiche es durch.

① R LEICHT — W LIEB — A KLEIN — L LÖWE
② U LIEBEN — O BILLIG — T SALZIG — F GESUND
③ E FEIN — K BITTER — S HEFT — M GUT
④ N NETT — U TEUER — E WARM — T KÄLTE
⑤ I BAUEN — A LEISE — G TRAURIG — W KRANK
⑥ G BEIN — Z KALT — E LAUT — I SCHLECHT

3. Trage die Stern-Buchstaben der durchgestrichenen Wörter in die Kästchen ein. Schreibe das Lösungswort auf.

① ② ③ ④ ⑤ ⑥

Das Lösungswort heißt: _____

4. Ergänze den Merksatz.

Adjektive schreibe ich am Satzanfang _____ ,

sonst immer _____ .

Z 11 → Adjektive und das Gegenteil

1. **Finde die Socken-Paare mit Gegenteilen.**
   Male Paare in der gleichen Farbe an.

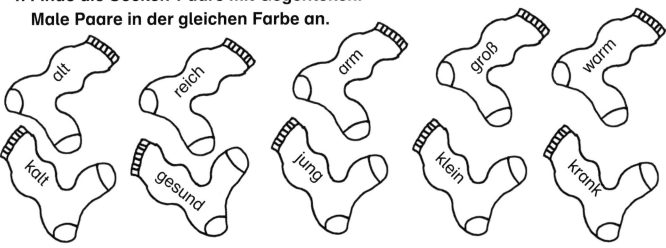

2. **Bei diesen Gegenteil-Paaren stimmt etwas nicht!**
   Schreibe die Paare richtig auf. Vergleiche mit einem anderen Kind.

teuer – dunkel   alt – laut   leise – hell
        billig – eng   schwer – neu   weit – leicht

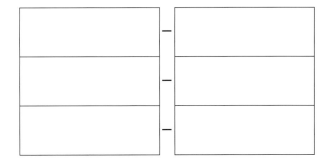
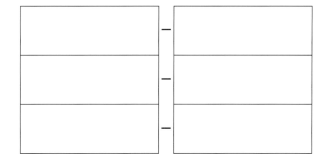

3. **Finde Adjektive, die das Gegenteil bedeuten.**
   Ein Lernpartner kontrolliert.

schwer –   laut –

gesund –   jung –   eng –

fleißig –   hell –   billig –

Test 5

Wörter mit -er und -el, Zwielauten, Umlauten

Name: _____ Datum: _____ Kl.: _____

1. WW-Diktat. Höre genau hin und schreibe die Wörter auf.

**2. Bist du schon ein Wörter-Profi?
Kreuze die richtigen Sätze an.**

☐ Oft höre ich bei Nomen am Ende ein a und schreibe -er.
☐ Die Laute ö und ü sind Umlaute.
☐ Umlaute stehen nie am Wortanfang.
☐ Ei, au und eu sind Zwielaute.
☐ Zwielaute stehen nur am Wortanfang.
☐ Zwielaute können am Wortanfang, in der Wortmitte und am Wortende stehen.

**3. Markiere in jeder Reihe den Fehler.
Schreibe das falsche Wort richtig auf.**

Nebl ◆ Nadel ◆ Feder

Partner ◆ Schwesta ◆ Wurzel

Bruda ◆ Gabel ◆ Fenster

Pinsel ◆ winter ◆ Esel

Ich werde Rechtschreib-Profi!

Test 5

Name: Seite 2

4. Kreise alle Zwielaute gelb und alle Umlaute grün ein.

ä   o   eu   sch   ü   au   t   ö   ei   ch   z

                                                                                       /

5. Erkennst du die wichtigen Wörter? Ergänze einen Zwielaut oder einen Umlaut.

k____fen ◆ R____pe ◆ ____ro ◆ Fl____gel

b____se ◆ h____len ◆ Bl____te ◆ ____le

                                                                                                                     /

6. Überlege dir eigene passende Wörter. Ordne sie richtig ein.

Wörter mit Zwielaut	Wörter mit Umlaut

                                                                                                                     /

7. Finde Reimwörter in der gleichen Wortart.

kaufen		Haus	
bauen		weinen	
schweigen		Hüte	

                                                                                                                     /

Von _____ **Punkten** hast du _____ **Punkte** erreicht.

Z 12 → Zwielaute ei, au, eu

1. Unterstreiche alle Wörter mit Zwielauten.

Maus • Raupe • Eier • Tür • zeigen • elf

scheinen • kaufen • Blüte • Körper • härter • Euro

2. Ergänze Zwielaute.

das H____s • L____chten • das ____ge • der Pr____s

h____te • das T____l • der B____m • der Kr____s

3. In jeder Zeile passt ein Nomen nicht. Streiche es durch.
   Vergleiche mit einem Partner. Sprecht über unterschiedliche Ergebnisse.

Haus	Raupe	Gemüse	Kreis
Beute	Preis	Blätter	Scheune
Teil	Leute	Zaun	Quadrat
Traum	Keule	Tüte	Seife

4. Welche Nomen aus Aufgabe 3 hast du nicht durchgestrichen? Ordne ein.

au   eu   ei

Z 13 ➡ Umlaute

1. Unterstreiche alle Wörter mit Umlauten. Markiere den Umlaut farbig.

Haus • Flügel • Körper • Preis • Raupe • wünschen

Maus • Tür • böse • Eier • Körper • Gemüse

Rübe • schreien • Köpfe • üben • Leiter • Lüge

Blüte • Kreis • Suppe • Löffel • Säge • Männer

2. In jeder Zeile passt ein Wort nicht. Streiche es durch.
   Vergleiche mit einem Partner. Sprecht über unterschiedliche Ergebnisse.

Wärme	wünschen	Eier	Körper
schön	Haus	Blätter	Kälte
üben	Blüte	Bauch	böse
härter	fünf	zwölf	Raupe

3. Welche Wörter aus Aufgabe 2 hast du nicht durchgestrichen? Ordne ein.

ä   ö   ü

Test 6

Kleine Wörter, ABC

Name: _____ Datum: _____ Kl.: _____

1. WW-Diktat. Höre genau hin und schreibe die Wörter auf.

_____

_____

_____

/

2. Bist du schon ein Wörter-Profi?
   Kreuze die richtigen Sätze an.

☐ Das ABC besteht aus 30 Buchstaben.
☐ Die Wörter im Wörterbuch sind nach dem ABC geordnet.

/

3. Buchstabensuppe! Finde und schreibe die Wörter.

ihren — hrn / i t n h e r

schon — h c o n s

nicht — i t n h c

die neuen — n w n e

der weite — w e r i e t

durch — d r c h u

/

Test 6

Name: _____ Seite 2

4. Erkennst du die Wörter, die die Schlange gefressen hat?
   Kreise jedes Wort ein.

/ ☐

5. Markiere in jeder Reihe den Fehler. Schreibe das falsche Wort richtig auf.

wer ◆ für ◆ sint   _____

ihr ◆ wass ◆ dir   _____

6. In jedem Wurm fehlt ein Buchstabe. Schreibe ihn dazu.

/ ☐

7. Ordne die Wörter in jeder Zeile nach dem ABC.

der ◆ bei ◆ an   _____

Kamel ◆ Esel ◆ Hase _____

dich ◆ da ◆ durch   _____

wann ◆ wie ◆ wenn   _____

/ ☐

Von _____ **Punkten** hast du _____ **Punkte** erreicht.

Z 14 → Kleine Wörter, ABC

1. Fülle die Lücken im Text mit kleinen, passenden Wörtern.

Das kleine Gespenst Loretta streift _____ der Nacht gerne

durch _____ Schloss. Tagsüber versteckt sie sich unter dem

Dach hoch oben _____ einem großen Schrank. Erst _____

Punkt Mitternacht kommt _____ hervor _____ schleicht vorsichtig die Treppe

hinunter. Heute allerdings passiert ihr ein Missgeschick _____ dem anderen.

Zuerst stolpert sie _____ eine Kiste und bleibt

schließlich auch noch _____ ihrem schönen weißen

Gewand an einem Haken hängen, sodass sie _____

großes Loch hineinreißt. Der Spuk ist für heute _____

Ende. Sie näht _____ Gewand, während _____ Mäuse

schadenfroh kichern.

2. Ordne die Wörter nach dem ABC und schreibe die Wörter auf.

vom   hinter   ob   zur   her   dann   hier   als   weil   aber   ja   bei

Z 15 → Groß- und Kleinschreibung im Text

1. Setze die fehlenden Satzzeichen im Text ein.

2. Schreibe den Text richtig in dein Heft.
   Achte auf die Groß- und Kleinschreibung.

Ferienzeit

DIE ELTERN UND KINDER FREUEN SICH AUF DIE FERIEN

SIE HABEN ZEIT UND DÜRFEN SCHLAFEN ODER LESEN

ADAM REIST NACH UNGARN DORT LEBEN OMA UND OPA

SIE BAUEN IHR EIGENES GEMÜSE AN UND PFLEGEN DIE

BLUMEN IM GARTEN ADAM DARF MITHELFEN

BEI REGEN SCHREIBT ADAM EINE GESCHICHTE IN SEIN

TAGEBUCH NUN FREUT ER SICH WIEDER AUF DIE

SCHULE DORT DARF ER SEINE GESCHICHTE LAUT LESEN

DIE KINDER SIND BEGEISTERT ADAM IST JETZT GANZ STOLZ

Test 7

Wörter mit ä und äu

Name: _____ Datum: _____ Kl.: _____

1. WW-Diktat. Höre genau hin und schreibe die Wörter auf.

_____

_____

_____

/

2. Bist du schon ein Wörter-Profi?
   Kreuze die richtigen Sätze an.

☐ Wörter, die in der Einzahl ein au haben,
   schreibe ich in der Mehrzahl meistens mit eu.
☐ Wörter mit ä haben oft Verwandte mit a.
☐ Wörter mit äu haben oft Verwandte mit au.

/

3. Erkennst du die wichtigen Wörter? Ergänze die fehlenden Buchstaben.

die B___me ◆ die Kr___er

die Räu___ ◆ die B___he ◆ die Nä___e

die B___tter ◆ die ___ste

/

4. Finde Nomen, die sich reimen.

Haut – _____   Laus – _____

Baum – _____   Bauch – _____

/

Test 7

Name: Seite 2

5. Setze diese Nomen in die Einzahl. Schreibe, wie im Beispiel.

die Kräuter — das Kraut, ein Kraut

die Nächte

die Bäume

die Äste

die Blätter

die Bäuche

/

6. Unterstreiche in jedem Satz den Fehler. Schreibe den Satz dann richtig auf.

Frau Huber kocht gerne mit Kreutern.

Bei Wind brechen Aste an Bäumen.

Im Sommer sind die Nechte oft warm.

Im Winter werden die räume geheizt.

/

Von _____ **Punkten** hast du _____ **Punkte** erreicht.

Z 16 → Wörter mit ä und äu

1. Immer drei Wörter sind verwandt. Male Verwandte in der gleichen Farbe aus.

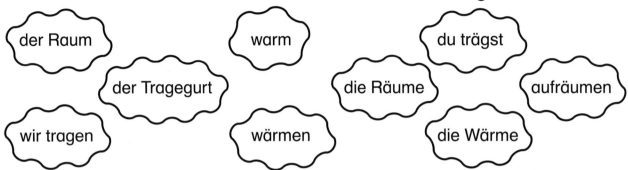

- der Raum
- warm
- du trägst
- der Tragegurt
- die Räume
- aufräumen
- wir tragen
- wärmen
- die Wärme

2. Schreibe die verwandten Wörter von Aufgabe 1 zusammen auf.

3. Bilde die Mehrzahl zu diesen a-Wörtern. Vergleiche mit einem Lernpartner.

das Blatt _____ das Rad _____

der Ast _____ das Fach _____

4. Schreibe die au-Wörter. Finde dann Verwandte mit äu.

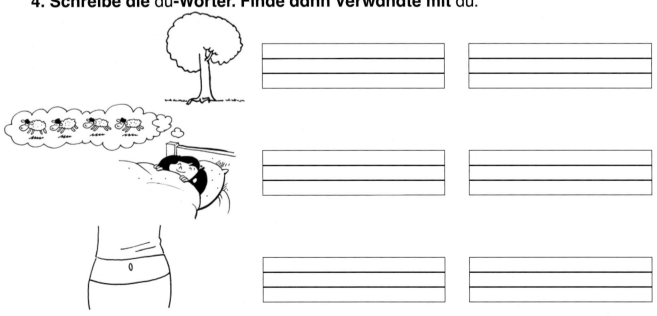

Ich werde Rechtschreib-Profi!

Test 8

Wörter mit ie, Wörter mit st und sp

Name: Datum: Kl.:

1. WW-Diktat. Höre genau hin und schreibe die Wörter auf.

                                                                                     /

2. Bist du schon ein Wörter-Profi? Kreuze die richtigen Sätze an.

☐ Wenn das i 👂 lang gesprochen wird, schreibe ich meist ih ✏️.

☐ Wenn das i 👂 lang gesprochen wird, schreibe ich meist ie ✏️.

☐ Wenn ich scht 👂 höre, schreibe ich scht ✏️.

☐ Wenn ich schp 👂 höre, schreibe ich Sp oder sp ✏️.

                                                                                       /

3. Erkennst du die sieben WW? Male sie farbig aus und schreibe sie in die Zeilen.

A	E	S	T	U	S	P	A	R	E	N
R	O	C	H	S	P	O	R	T	U	V
S	U	R	E	W	I	E	S	E	A	S
T	R	Z	R	I	E	S	E	L	S	P
M	A	J	T	S	L	T	G	E	F	F
K	S	I	E	B	E	N	H	U	N	I
L	I	E	G	E	N	F	E	S	R	A

                                                                                       /

Name: Seite 2

4. Ergänze i oder ie.

v__l ◆ W__nter ◆ L__gen ◆ Z__ge ◆ Apr__l

B__ne ◆ T__re ◆ tr__nken ◆ F__sch ◆ Br__f

/

5. Ergänze richtig St, st, Sp oder sp.

__ort ◆ __ielen ◆ __ift ◆ __unde ◆ __ängel

__aren ◆ __rauch ◆ __rechen ◆ __ern ◆ __irn

/

**6. Unterstreiche in jedem Satz den Fehler.
Schreibe den Satz dann richtig auf.**

Gestern war die Schportstunde schön.

Wir durften auf der Wise spielen.

Danach habe ich einen Brif geschrieben.

Er hatte Sieben Seiten.

/

 Von _____ **Punkten** hast du _____ **Punkte** erreicht.

Name:

Z 17 → Wörter mit ie

1. Sprich dir die Wörter vor. Wo sprichst du das i 🦻 lang?
   Male diese Bilder an.

2. Schreibe die Wörter zu den gefärbten Bildern aus Aufgabe 1 auf.
   Vergleiche mit einem Partner. Kontrolliert mit dem Wörterbuch.

3. Schreibe die Wörter nach Silben getrennt.
   Ergänze bei Nomen den Artikel.

BIENE	die Bie-ne	PAPIER	
LIEGEN		TIERE	
BRIEF		WIESE	
LIEBE		FLIEGEN	
DIENSTAG		ZWIEBEL	

Z 18 → Wörter mit sp und st

**1. Lies dir die Wörter leise vor. Bei welchen sprichst du scht ?
Markiere dort das st. Vergleiche und diskutiere dann
mit einem Lernpartner.**

der Kasten • der Strauch • das Obst • die Stirn

• die Stunde • der Stern • aufstehen • gestern •

Ostern • strampeln • stark • das Gerüst

2. Ergänze St oder st.

ängel inken ern ift

unde echen umm reiten

**3. Lies dir die Wörter leise vor. Bei welchen hörst du schp ?
Markiere dort das sp. Vergleiche und diskutiere
dann in der Lerngruppe.**

der Sport • die Spinne • Jasper • das Spiel

• sparen • die Knospe • versperren • spitz

knuspern • spannend • die Spucke • das Gaspedal

4. Ergänze Sp oder sp.

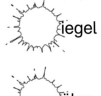iegel itzer ielen ort

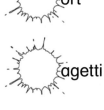ülen ät ritzen agetti

Test 9

Wörter mit Doppelkonsonanten, mit ck und tz

Name:　　　　　　　　　　Datum:　　　　　　　Kl.:

1. WW-Diktat. Höre genau hin und schreibe auf.

　　　　　　　　　　　　　　　　　　　　　　　　　　　　／

2. Bist du schon ein Wörter-Profi? Kreuze die richtigen Sätze an.

☐ Ein doppelter Konsonant steht nur nach einem
　 kurz gesprochenen Vokal, zum Beispiel: Ball.

☐ Statt zz schreibe ich meist tz.

☐ Statt kk schreibe ich selten ck.

　　　　　　　　　　　　　　　　　　　　　　　　　　　　／

**3. Erkennst du die wichtigen Wörter mit Doppelkonsonanten? Ergänze richtig.
Kennzeichne den kurzen Vokal mit einem Punkt.**

Fü___er ◆ So___er ◆ mü___en ◆ he___

ro___en ◆ Pu___e ◆ Mu___er ◆ Wa___er　　　　／

**4. Denke nach. Finde vier Wörter mit ck und vier mit tz. Sie dürfen nicht aus
anderen Aufgaben im Test sein. Schreibe sie richtig auf.**

　　　　　　　　　　　　　　　　　　　　　　　　　　　　／

Test 9

Name: _____   Seite 2

**5. Setze diese Verben in die richtige Form.
Die Beispiele helfen dir.**

	fallen	essen	sitzen
ich	falle		
du		isst	
er/sie/es			
wir			
ihr			
sie			

/

6. Markiere in jeder Reihe den Fehler. Schreibe das falsche Wort richtig auf.

ale ♦ kommen ♦ Himmel

Weter ♦ Klasse ♦ Puppe

hell ♦ Alle ♦ können

Balll ♦ Wasser ♦ Herr

Lükke ♦ Hecke ♦ Platz

Schmuz ♦ dick ♦ Satz

/

Von _____ **Punkten** hast du _____ **Punkte** erreicht.

Z 19 → Wörter mit Doppelkonsonanten

1. Bilde Wörter aus den Silben. Schreibe auf.

fül- · fal- · Hal- · wol- · sol- · -len · rol- · stel- · Kral-

füllen

2. Schreibe die Wörter in Silben in die passende Spalte. Das Beispiel hilft dir. Sprich die Wörter mit zwei und drei Silben getrennt. Kannst du den doppelten Konsonanten hören?

Schmetterling · hell · Sonne · Herr · Wasser · müssen · Donnerstag · still · ankommen · Mutter · Ball · zusammen

1 Silbe	2 Silben	3 Silben
		Schmet-ter-ling

Test 10

Wörter mit d oder t, b oder p, g oder k am Ende

Name: _____ Datum: _____ Kl.: _____

1. WW-Diktat. Höre genau hin und schreibe auf.

_____
_____
_____
_____
_____
_____

/

2. Male den richtigen Merksatz aus.

Wenn ich nicht weiß, ob man ein Wort mit d oder t schreibt, wähle ich d. Denn d ist der häufigere Buchstabe.

Wenn ich nicht weiß, ob man ein Wort mit d oder t schreibt, verlängere ich das Wort. So kann ich den Unterschied hören.

/

3. Schreibe diese Wörter verlängert auf.

Wort	Wort verlängert
fremd	
wenig	
der Schrank	

/

4. Ergänze d, t, b, p, g oder k. Verlängere dazu im Kopf.

We___ ◆ San___ ◆ schlan___ ◆ Freita___ ◆ Monta___

Pfer___ ◆ frem___ ◆ Aben___ ◆ Han___ ◆ gel___

/

56   Ich werde Rechtschreib-Profi!

Test 10

Name: Seite 2

5. Schreibe zuerst die Nomen mit Artikel in der Mehrzahl auf. Ergänze dann das Wortende in der Einzahl.

Einzahl	Mehrzahl
das Klei___	
der Freun___	
das Zel___	
das Hem___	
das Bil___	
die Ban___	

/

6. Markiere in jeder Reihe den Fehler. Schreibe das falsche Wort richtig auf.

Montak ◆ eng ◆ Samstag

Kleid ◆ Bup ◆ Welt

Bild ◆ gesund ◆ gelp

Hund ◆ er klept ◆ Abend

Mund ◆ es trägt ◆ Pfert

/

Von _____ **Punkten** hast du _____ **Punkte** erreicht.

Z 20 → Wörter mit d oder t am Ende

**1. Schreibe die Wörter auf.
Ergänze bei Nomen den Artikel.**

ABEND

GESUND

WIND

GELD

MUND

KIND

RUND

FREUND

2. Lies dir die Wortpaare leise vor. Unterstreiche jeweils die Wörter, bei denen du das d deutlicher hörst.

der Wind – windig   das Pferd – die Pferde

der Sand – sandig   ein runder Ball – rund

der Freund – die Freunde der Mund – die Münder

**3. Schreibe die Nomen zuerst in der Mehrzahl auf.
Schreibe dann die Einzahl.**

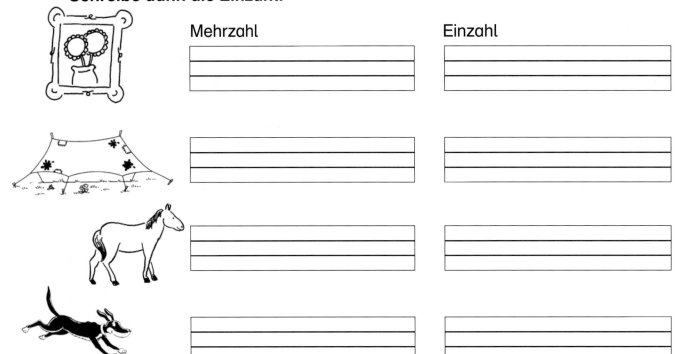

Mehrzahl   Einzahl

Test 11

Merkwörter mit h und Merkwörter mit v

Name:　　　　　　　　　Datum:　　　　　　　　Kl.:

1. WW-Diktat. Höre genau hin und schreibe die Wörter auf.

　　　　　　　　　　　　　　　　　　　　　　　　　／

2. Kreuze die richtigen Sätze an.

☐ Es gibt Wörter, bei denen ich das h nicht hören kann.

☐ Wörter mit v oder V sind Merkwörter.

☐ Wenn ich f höre, schreibe ich immer f.

　　　　　　　　　　　　　　　　　　　　　　　　　／

3. Buchstabensuppe! Finde die Wörter und schreibe sie auf.

der _____　　　　der _____

(F L Ü H I N R G)　　　　　　　(S A V E S)

　　　　　　　　　　　　　　　　　　　　　　　　　／

4. Verändere die Verben mit der Vorsilbe -ver oder -vor.
Schreibe mindestens sieben Wörter auf.

lernen ◆ tragen ◆ finden ◆ zeigen ◆ fahren ◆ laufen

　　　　　　　　　　　　　　　　　　　　　　　　　／

Test 11

Name: Seite 2

5. Schreibe die Nomen richtig unter die Bilder.

/

6. Schreibe den Satz richtig auf. Achte auf Wortgrenzen sowie Groß- und Kleinschreibung.

IMNOVEMBERVERBRINGENWIRVIELZEITINDERWOHNUNG

/

7. Unterstreiche in jedem Satz die Fehler. Schreibe die Sätze dann richtig auf.

Im Früling hoppelt einHase im Gaten.

Ich putze meine Zäne jeden Tak.

Vile Vöglfliegen im Herbst weg.

/

Von _____ **Punkten** hast du _____ **Punkte** erreicht.

Test 12

Merkwörtermix

Name: Datum: Kl.:

1. WW-Diktat. Höre genau hin und schreibe auf.

/

2. Buchstabensuppe! Finde und schreibe die Wörter.

das

das

/

3. Ergänze die fehlenden Buchstaben.

der Fu_____ ◆ die He____e ◆ die Spage____i

die Que____e ◆ das Bab_____ ◆ der Clo____n

/

Test 12

Name: Seite 2

4. Ergänze.

Clown ist ein schwieriges Wort, weil man statt C auch ____ und statt ow auch _____ schreiben könnte.

/

5. Schreibe die Lösung der Aufgaben in die leere Zeile.

- Der Monat nach dem April heißt _____.

- Unsere Geldmünzen heißen Euro und _____.

- Im Märchen reitet die _____ auf einem Besen.

/

6. In jede Zeile im Text haben sich zwei Fehler eingeschlichen. Markiere sie und schreibe den Text in die Zeilen darunter.

Frau Bachs Babi ist ein Mätchen.
Sie redet fiel quatsch.
Lisa hat grose Augen und kleine füße.
Sie mag Spageti und fier Sorten Eis.

/

Von ____ **Punkten** hast du ____ **Punkte** erreicht.

Ich werde Rechtschreib-Profi!

Lösungen zum Arbeitsheft

Die Lösungsseiten können Sie in **Originalgröße** oder **vergrößert kopieren** und für die Kinder in der Klasse auslegen.

Auf diese Weise wird es den Kindern leichtgemacht, eine **konsequente Selbstkontrolle** durchzuführen.

Manche Aufgaben sind nicht eindeutig lösbar. Hier haben wir **Beispiellösungen** angegeben und entsprechend gekennzeichnet.

Lösungen zum Arbeitsheft „Ich werde Rechtschreib-Profi! – Klasse 2"

Richtig abschreiben, Teil 1

Richtig abschreiben in vier Schritten

- Ich lese ein Wort oder mehrere Wörter.
- Ich merke mir schwierige Stellen besonders gut.
- Ich schreibe den Abschnitt auswendig auf.
- Ich vergleiche genau und verbessere meine Fehler.

1. Verbinde jedes Bild mit dem passenden Wort. Nummeriere die Schritte in der richtigen Reihenfolge

- aufschreiben — 3
- lesen — 1
- merken — 2
- vergleichen und verbessern — 4

2. Schreibe die Wörter in den vier Schritten ab. Decke beim Schreiben die Wörter ab.

Hund — Hund
Hundeleine — Hundeleine
Blume — Blume
Blumentopf — Blumentopf
Tasche — Tasche
Taschentuch — Taschentuch

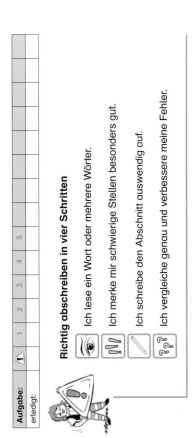

3. Schreibe die Sätze richtig ab. Kannst du dir immer eine Zeile merken?

In der Pause — In der Pause
spielen Tim und Lea — spielen Tim und Lea
meistens Ball. — meistens Ball.
Janek und Nele — Janek und Nele
tauschen Karten. — tauschen Karten.
Und was machst du? — Und was machst du?

4. Schreibe den Satz richtig ab. Überlege selbst, wie viele Wörter du dir auf einmal merken kannst.

Wenn meine Mama Gisela und meine Oma Marta in den Zirkus gehen, wollen sie die Artisten sehen.

Wenn meine Mama Gisela und meine Oma Marta in den Zirkus gehen, wollen sie die Artisten sehen.

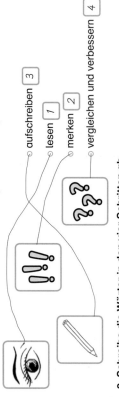

5. Wie gut kannst du schon abschreiben? Kreuze an und mache die passende Übung.

- ☐ ☺ gut — Suche dir einen kurzen Text und schreibe ihn ab.
- ☐ 😐 ziemlich gut — Suche dir einen Text. Schreibe 3 Sätze ab.
- ☐ ☹ fällt mir schwer — Suche dir die Wörter, die du üben willst. Schreibe sie ab.

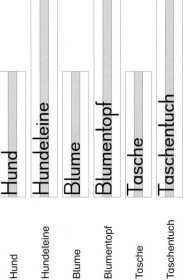

Lösungen zum Arbeitsheft „Ich werde Rechtschreib-Profi! – Klasse 2"

Silbenaufbau

Wörter bestehen aus einer Silbe oder mehreren Silben.
Silben kann ich klatschen.
In jeder Silbe ist ein Vokal. Beispiel: Ho–se
Ich trenne ein Wort meist zwischen den Silben. Beispiel: Sil–be

1. Zeichne die Silbenbögen ein. Beispiel: Schule

Li‿ne‿al   Flur   Ta‿fel   Schultüte

Hausaufgabe   Hofpause

2. Zeichne Silbentrennstriche ein. Beispiel: Mi|nu|te

Kar|te   Pos|ter   Ta|schen|tuch   Hef|te   Bü|cher

3. Schreibe alle Wörter von Aufgabe 1 und 2 getrennt auf. Markiere den Vokal.
Beispiel: Schu – le, Mi – nu – te

Li – ne – al, Flur, Ta – fel,
Schul – tü – te, Haus – auf – ga – be,
Hof – pau – se, Kar – te,
Pos – ter, Ta – schen – tuch
Hef – te, Bü – cher

4. Ordne diese Wörter nach der Anzahl ihrer Silben.
Achtung: Ein Wort passt nicht. Umkreise es.

Name ◆ Heft ◆ (Taschentücher) ◆ Kleber ◆ Minute
Salami ◆ Buch ◆ Tafel ◆ Tür ◆ Brotdose

1 Silbe	2 Silben	3 Silben
Heft	Na – me	Sa – la – mi
Buch	Kle – ber	Mi – nu – te
Tür	Ta – fel	Brot – do – se

5. Finde die Silben, die zusammengehören. Male sie in der gleichen Farbe an.

Pau ① ・ Ta ・ hof ① ・ te ⑤
Kle ② ・ Hef ③ ・ fel ・ ber ② ・ te ③
Na ④ ・ Mi ⑤ ・ me ④
nu ⑤ ・ sen ①

gleiche Zahl → gleiche Farbe

6. Finde in der Wörterliste auf Seite 66 passende Wörter.

Wörter mit 1 Silbe: acht   blau

Wörter mit 2 Silben: alle, die Birne, böse, bringen, der Bruder, dunkel

Beispiele

Wort mit 3 Silben: die Aufgabe

Lösungen zum Arbeitsheft „Ich werde Rechtschreib-Profi! – Klasse 2"

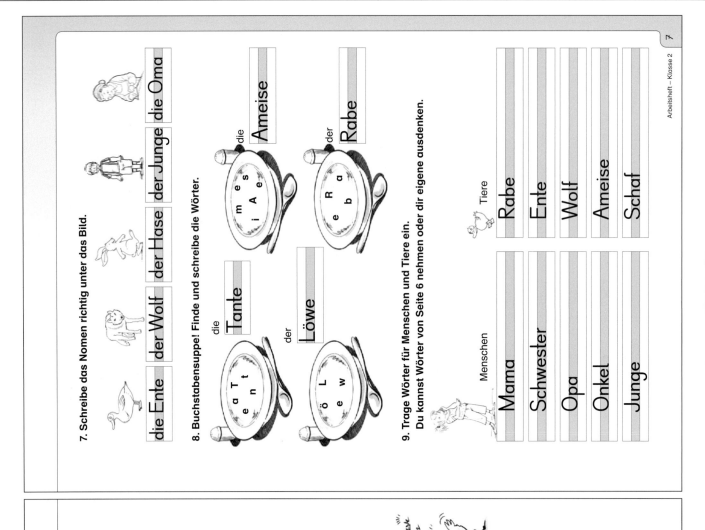

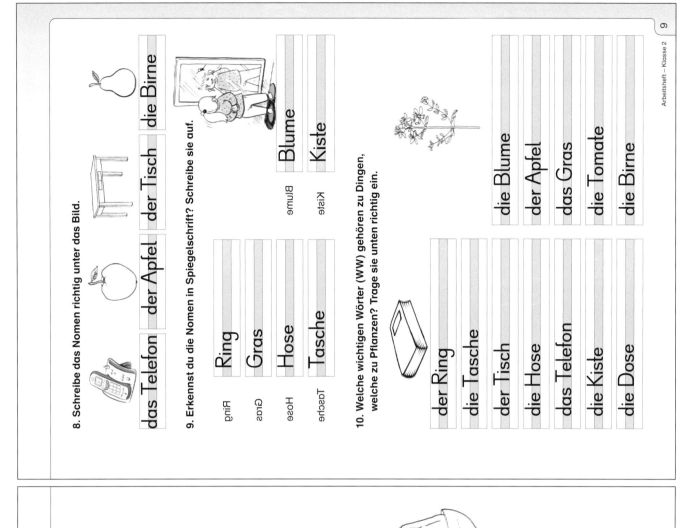

Lösungen zum Arbeitsheft „Ich werde Rechtschreib-Profi! – Klasse 2"

Nomen mit Artikel in Einzahl und Mehrzahl

Aufgabe: | 1 | 2 | 3 | 4 | 5 | 6 | 7 | 8 | 9
erledigt:

Nomen können Artikel haben: der – die – das, ein – eine.
Beispiel: Heute gibt die Lehrerin ein Eis aus.
Nomen können in der Einzahl und in der Mehrzahl stehen.
Beispiel: das Buch – die Bücher

Wichtige Wörter:

der Name	das Buch	die Wolke	die Frau
das Auge	das Ende	der Kopf	das Wort
das Auto	die Bank	das Salz	die Seife

1. Ergänze die WW-Tabelle mit den Artikeln der, die, das.

2. Schreibe die WW mit den Artikeln der, die oder das richtig auf. Ordne nach dem Artikel.

3. Schreibe acht WW in der Mehrzahl.

In der ersten Klasse

Ich habe im Kopf, was wir in der ersten Klasse über Nomen gelernt haben. Das sind Wörter wie das Buch, die Wolke oder die Seife. Nomen oder Namenwörter schreibt man groß. Sie haben Begleiter oder Artikel, wie der, die, das. Nomen können in der Einzahl und in der Mehrzahl stehen. Aus Frau wird in der Mehrzahl Frauen, aus Auge wird Augen und aus Bank wird Bänke. (70 Wörter)

4. Unterstreiche die neun Wörter aus der WW-Tabelle. Achtung: Ein WW hat sich in einem anderen Wort versteckt.

5. Schreibe den 3., 4. und 5. Satz aus dem Text richtig ab.

---

6. Buchstabensuppe! Finde und schreibe die Wörter.

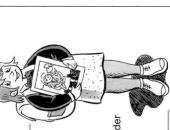

die Wolke   das Auge
das Auto   das Salz

7. Ergänze die Artikel ein oder eine.

ein Wort	ein Ende	ein Buch
eine Frau	ein Kopf	eine Seife
		eine Bank
		ein Name

8. Trage die Wörter aus Aufgabe 7 bei dem richtigen Artikel ein.

der	die	das
der Kopf	die Bank	das Wort
der Name	die Frau	das Ende
	die Seife	das Buch

9. Ergänze die Mehrzahl. Schreibe mit Artikel.

Einzahl	Mehrzahl	Einzahl	Mehrzahl
der Name	die Namen	die Frau	die Frauen
der Kopf	die Köpfe	die Bank	die Bänke
das Auto	die Autos	das Buch	die Bücher
das Auge	die Augen	das Wort	die Wörter

Lösungen zum Arbeitsheft „Ich werde Rechtschreib-Profi! – Klasse 2"

Zusammengesetzte Nomen

Nomen können zusammengesetzt werden.
So kann ich mich genau und kurz ausdrücken.
Beispiel: der Apfel + der Saft: der Apfelsaft

Wichtige Wörter:

der Re|gen	das Brot	die Wo|che	die Er|de
die Sche|re	das Haus	die Pflanze	das Eis
der Gar|ten	die Zeit	die Auf|gabe	die Schule

1. Ergänze die WW-Tabelle mit der, die, das.
2. Zeichne Silbentrennstriche in die WW ein. Beispiel: Re|gen
3. Ordne die WW nach der Anzahl der Silben.
4. Versuche, möglichst viele WW zusammenzusetzen.
   Schreibe: Haus + Aufgabe = Hausaufgabe

Wer – Wie – Was – Wie heißt denn das?

Die Zeit, in der viel Regen fällt, ist die <u>Regenzeit</u>.
Das Brot, das wir in der Pause essen, ist das <u>Pausenbrot</u>.
Die Schere, mit der Papa im Garten arbeitet, ist die <u>Gartenschere</u>.
Eine Aufgabe, die wir zu Hause machen, ist eine <u>Hausaufgabe</u>.
Eine Woche in der Schule ist eine <u>Schulwoche</u>. (57 Wörter)

Garten + Schere =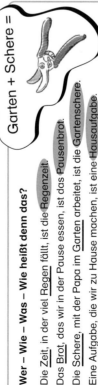

5. Finde die neun WW im Text. Unterstreiche sie farbig.
6. Kreise die zusammengesetzten Nomen ein.
7. Lasse dir einen Satz von einem anderen Kind diktieren.

---

8. Welche wichtigen Wörter verstecken sich in den Häusern?

B r o t   H au s   Z ei t

Brot   Haus   Zeit

9. Schreibe die zusammengesetzten Nomen zu den WW-Bildern mit Artikel auf.

Gartenschere
Schulhaus
Schulbrot
Gartenhaus

10. Welche WW verstecken sich in den zusammengesetzten Nomen?
Schreibe sie mit Artikel auf.

der Schulgarten   die Schule + der Garten
die Eiszeit   das Eis + die Zeit
die Schulaufgabe   die Schule + die Aufgabe

11. Denke dir noch mehr zusammengesetzte Nomen aus.

Beispiele:
das Saftglas, der Apfelkuchen, das Wurstbrot,
die Haustür, die Pausenklingel, der Pausenhof

Lösungen zum Arbeitsheft „Ich werde Rechtschreib-Profi! – Klasse 2"

Verben in der Grundform

Verben sagen, was Menschen, Tiere, Dinge und Pflanzen tun.
Verben können in der Grundform stehen. Beispiel: denken

Wichtige Wörter:

denken	trinken	fra	gen	dan	ken
antwor|ten	re|den	le|sen	tur|nen
sin|gen	schnei|den	rech|nen	ma|len

1. Markiere in der WW-Tabelle bei jedem Wort die letzten zwei Buchstaben rot. Fällt dir etwas auf? Es steht immer **en**.
2. Ein Wort hat drei Silben. Markiere es grün.
3. Alle anderen WW haben zwei Silben. Zeichne Trennstriche ein. Beispiel: den|ken
4. Schreibe die WW richtig ab.

Heute keine Hausaufgaben

Heute (singen) wir zuerst ein Lied, dann (lesen) wir im Lesebuch. Danach (malen) wir ein Bild. Wir (schneiden) Formen aus und kleben sie auf. In der Pause (trinken) wir. Daraufhin (rechnen) und (turnen) wir. Laura (fragt), ob wir noch über die Hausaufgaben (reden). Die Lehrerin kann nicht (antworten), weil der Gong ertönt. Gut gelaunt laufen die Kinder nach Hause.
(62 Wörter)

5. Finde die zehn WW im Text. Kreise sie ein.
6. Schreibe zwei Sätze aus der Geschichte ab.
7. Lasse dir einen Satz von einem Partner diktieren.

8. Welche WW können das sein? Ergänze.

| den|ken | trinken | danken | rech|nen |
| tur|nen | le|sen | reden | ma|len |

9. Welche WW reimen sich auf diese Verben?

blinken — *trinken*
klingen — *singen*
tanken — *danken*

leiden — *schneiden*
lenken — *denken*
sagen — *fragen*

10. Hier findest du Verben in verschiedenen Formen. Kreise die zwölf Verben ein, die in der Grundform stehen.

sagen · winken · trinkt · stinkt · finden · **schneiden**
leiden · nehmen · kam · kommen · sollen · wollen
gab · zeigen · üben · schrieb · bleiben · sagt

11. Woran hast du bei Aufgabe 10 die Grundform erkannt?

Bei der Grundform steht am Ende immer en.

12. Verben kannst du mit Wortbausteinen verändern.
Beispiel: ab + malen = abmalen
Bilde vier neue Wörter mit den Wortbausteinen.

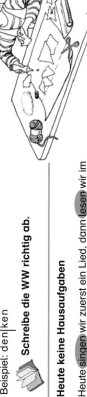

ausschneiden — austrinken
abschneiden — ausrechnen

Lösungen zum Arbeitsheft „Ich werde Rechtschreib-Profi! – Klasse 2"

Verben und ihre Endungen

Verben verändern im Satz ihre Endungen.
Ein Teil des Verbs bleibt meist gleich. Das ist der Wortstamm.
Beispiel: ich hole, du holst, er holt; Wortstamm: hol-

Wichtige Wörter:

ho	len	le	gen	su	chen	brau	chen
schrei	ben	ar	bei	ten	le	ben	blei	ben
ba	den	ha	ben	fin	den	war	ten

1. Markiere in der WW-Tabelle bei jedem Wort die letzten zwei Buchstaben rot. Fällt dir etwas auf? Jedes Wort endet mit en.

2. Zeichne Silbentrennstriche in die WW ein.

3. Schreibe die WW richtig ab.

Der Teichfrosch

Der Teichfrosch (lebt) am Wasser. Er (braucht) den Teich. Er (sucht) nach Insekten und (findet) Fliegen. In der Dunkelheit ruft er nach einem Weibchen. Vor Menschen, die am Teich (baden), hat der Frosch Angst. Dann (bleibt) er länger unter Wasser. Er (wartet) die Nacht ab, bis es ruhig wird. Schlangen und andere Feinde (holen) sich Teichfrösche als Beute. (65 Wörter)

— blau (Einzahl)
===== schwarz (Mehrzahl)

4. Finde die zehn WW im Text. Kreise sie ein.

5. Unterstreiche alle Nomen blau, die in der Einzahl stehen.
Unterstreiche alle Nomen schwarz, die in der Mehrzahl stehen.

6. Schreibe deine zwei Lieblingssätze richtig ab.

---

7. Erkennst du die winzigen Verben? Schreibe auf.

holen • finden • warten • fangen • suchen • arbeiten

| holen | finden | warten |
| fangen | suchen | arbeiten |

8. Trage die richtigen Formen von leben ein.
Unterstreiche den Wortstamm blau und die Endungen rot.

lebst • lebt • leben • leben • lebt • lebe

ich **lebe**
du **lebst**
er/sie/es **lebt**
wir **leben**
ihr **lebt**
sie/viele **leben**

— blau (Wortstamm)
..... rot (Endung)

9. Trage die richtigen Formen ein.
Unterstreiche den Wortstamm blau und die Endungen rot.

baden		bleiben	
ich	bade	ich	bleibe
du	badest	du	bleibst
er	badet	er	bleibt
wir	baden	wir	bleiben
ihr	badet	ihr	bleibt

10. Diese WW hat Lisa geschrieben. Verbessere sie.

arbeiten, warten   → **arbeiten, warten**

Diese Tipps könnten Lisa helfen. Welchen findest du am besten?

☐ Sprich die Wörter ganz deutlich.   ☐ Sprich in Silben.

Lösungen zum Arbeitsheft „Ich werde Rechtschreib-Profi! – Klasse 2"

Seite 19

7. Setze die Verben in die richtige Form. Die eingetragenen Wörter helfen dir. Kreise dann alle Vokale ein.

schlafen	werden	sagen	geben
ich schlafe	ich werde	ich sage	ich gebe
du schläfst	du wirst	du sagst	du gibst
er schläft	er wird	er sagt	er gibt
wir schlafen	wir werden	wir sagen	wir geben
ihr schlaft	ihr werdet	ihr sagt	ihr gebt
sie schlafen	sie werden	sie sagen	sie geben

8. Verben kannst du mit Wortbausteinen verändern. Bilde neue Verben mit den Bausteinen.

Bausteine: aus-, ab-, halten, geben, schlafen

aushalten, ausgeben, ausschlafen, abhalten, abgeben

9. Baue das Verb **helfen** auf.

h | he | hel | helf | helfe | helfen

10. Markiere alle Vokale rot und alle Konsonanten blau.

● rot (Vokal) ■ blau (Konsonant)

geben	rufen	helfen	machen
●■●■	■●■●■	■●■■●■	■●■■●■

Seite 18

Vokale und Konsonanten (Verben)

1. A, E, I, O, U sind die Vokale. Male sie oben rot aus.

Das ABC besteht aus Vokalen und Konsonanten.

| A | B | C | D | E | F | G | H | I | J | K | L | M |
| N | O | P | Q | R | S | T | U | V | W | X | Y | Z |

Wichtige Wörter:

werden	schlafen	helfen	rufen
halten	sagen	bringen	tun
lernen	dürfen	machen	geben

2. Zeichne Silbentrennstriche in die WW ein.

3. Jede Silbe hat einen Vokal. Markiere ihn rot.

4. Schreibe die WW auf. Schreibe die Vokale rot.

Armer Max!

Max ist krank. Die Mutter muss arbeiten. Darum hilft Oma. Max will gesund werden, aber ihm ist langweilig. Max möchte lieber etwas lernen. Oma ruft aus der Küche: „Mama sagt, nur schlafen ist gut für dich. Halte dich auch daran! Da ist nichts zu machen." Max darf also nichts tun. Die Oma bringt auch nichts an sein Bett. Sie gibt ihm nicht einmal ein Buch. *(67 Wörter)*

5. Finde alle zwölf WW im Text. Unterstreiche sie.

6. Schreibe drei Sätze ab. Verwende für WW eine andere Farbe.

Lösungen zum Arbeitsheft „Ich werde Rechtschreib-Profi! – Klasse 2"

Einfache Adjektive

Adjektive sagen, wie Menschen, Tiere, Pflanzen und Dinge sind.
Mit Adjektiven kannst du genau beschreiben.

Wichtige Wörter: bunt, krank, frisch, alt, leise, leicht, dunkel, fein, klein, gut, laut, hoch

1. Kreise alle einsilbigen WW ein.
2. Zwei Wörter haben zwei Silben. Markiere sie grün.
3. Finde zu möglichst vielen Adjektiven das Gegenteil.
   Schreibe so: bunt – einfarbig
4. Schreibe die WW richtig ab.

Es war einmal …

Ein Mann begegnete auf seiner Reise in einer **dunklen** Nacht einem **kleinen, alten** Zwerg. Der jammerte **leise**: „Ich bin **krank** und brauche dringend eine **frische, bunte** Wunderblume! Dann wird alles **gut**." Der Mann sagte: „Die sind nicht **leicht** zu finden, nur am **lauten** Bach, **hoch** oben am Berg." Der Mann zog los und fand nach langer Suche die Blume. So rettete er den Zwerg. Und wenn er nicht gestorben ist … *(73 Wörter)*

5. Finde die elf WW im Text. Kreise sie ein.
6. Wie nennt man die kleine Geschichte? Kreise ein.
   Witz ♦ **Märchen** ♦ Zeitungsbericht ♦ Gedicht
7. Schreibe den Text ab. Verwende aber statt der WW das Gegenteil.
   Das wird eine besondere Geschichte.

8. Findest du die acht WW im Gitter (von oben nach unten, von links nach rechts)? Kreise sie ein. Schreibe sie daneben richtig in die Zeilen.

O	D	I	F	U	E	A	O
B	U	N	T	E	D	S	L
F	N	X	N	I	U	N	T
A	K	R	A	N	K	S	T	O
L	E	G	U	T	L	A	U	T
O	L	E	I	C	H	T	R	S

bunt — gut
krank — laut
— leicht
— dunkel
— fein
— alt

9. Ergänze WW, die sich auf die fett gedruckten Wörter reimen.

Der Wein ist *fein*. Die Meise ist leise.
Mut ist gut. Der Fisch ist frisch.
Die Braut ist laut. Herr Frank ist krank.

10. Ergänze diese Sätze mit passenden Adjektiven.
    Du kannst WW oder eigene Wörter nehmen.

Beispiel: Ein Auto fährt vorbei. ➔ Ein **rotes** Auto fährt vorbei.

Im Park blühen Blumen.
Im dunklen Park blühen bunte Blumen.

Eine Amsel singt im Baum.
Eine kleine Amsel singt im alten Baum.

Beispiele

Lösungen zum Arbeitsheft „Ich werde Rechtschreib-Profi! – Klasse 2"

Wörter für Zahlen, Farben, Zeiten

Ich schreibe alle Wörter klein. Ausnahmen sind nur die Nomen und der Satzanfang.

Wichtige Wörter:

grau	rosa	rot	blau
braun	schwarz	morgen	elf
eins ■	zwei ■■	drei ■■■	acht ■■■■ ■■■■

1. Welche WW benennen eine Farbe?
   Male die Kästchen in der passenden Farbe aus.

2. Welche WW verraten dir eine Anzahl?
   Zeichne die richtige Anzahl Punkte daneben.

3. Schreibe die WW richtig ab.

Das Fußballspiel

Heute spielt die Klasse 2a Fußball gegen die 2b. Die Lehrerin teilt die Mannschaften ein. Es dürfen elf Kinder mitspielen. In der Klasse 2a melden sich acht Jungen und drei Mädchen. Die Spieler der 2a tragen rote Bänder, die Spieler der 2b blaue Bänder. Der Schiedsrichter trägt ein schwarzes Band mit grauen Streifen. Die Klasse 2a gewinnt das Spiel mit zwei zu eins. Morgen spielt die Klasse 2a gegen die Klasse 2c. *(73 Wörter)*

4. Finde die zehn WW im Text. Unterstreiche sie.

5. Male die sechs Fehler in Rolands Text an. So hat er abgeschrieben:

Das fußballspiel
Heute spielt die Klasse 2a Fußball gegen di 2b. Die Lehrerin teilt die Mannschaften ein, es dürfen ölf Kinder mitspielen. In der Klasse 2a melden sich acht jungen und dei Mädchen.

---

6. Erkennst du die wichtigen Wörter? Schreibe auf.

schwarz	morgen	elf	rosa	rot	braun	blau	zwei

7. Male die Bilder in der richtigen Farbe an. Schreibe die Farbe darunter.

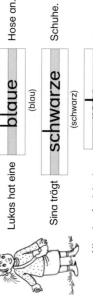

| rot | grau | schwarz | braun |

8. Wie viele Sternchen zählst du? Schreibe die Anzahl der Sterne als Zahl und als Wort darunter.

☆	☆☆☆	☆☆	☆☆☆☆ ☆☆☆☆	☆☆☆☆ ☆☆☆☆ ☆☆☆
1, eins	3, drei	2, zwei	8, acht	11, elf

9. Setze die Adjektive in die richtige Form.
   Male die Kleidung der Kinder passend aus.

Lukas hat eine **blaue** Hose an. *(blau)*

Sina trägt **schwarze** Schuhe. *(schwarz)*

Aline kauft sich eine **rote** Weste. *(rot)*

Wörter mit -er oder -el am Ende

Aufgabe:	1	2	3	4	5	6	7	8	9	10	11	12
erledigt:												

Ich höre bei vielen Nomen am Ende ein a oder ein l.
Ich schreibe aber -er oder -el.

Wichtige Wörter:

die Feder ①	die Nadel ②	der Esel ②	der Nebel ②
die Gabel ②	der Pinsel ②	der Bruder ①	die Schwester ①
das Fenster ①	die Wurzel ①	der Winter ①	der Partner ①

1. Markiere in der WW-Tabelle bei jedem Wort -er in rot und -el in grün.
   ① rot (-er)
   ② grün (-el)

2. Schreibe die Artikel der, die, das davor.

3. Schreibe die WW ab. Markiere -er und -el.

4. Trenne die WW richtig und schreibe so auf: Fens-ter
   Achtung, Ausnahme:
   Esel wird nicht getrennt.

An einem Wintertag

Tom ist der Bruder von Pia. Beide stehen an einem Wintertag am Fenster. Die Schwester meint: „Ich habe Lust, zu malen. Ich male den Baum dort mit seinen Wurzeln und Nadeln." Tom holt Pinsel, Malkasten und Stifte. Er malt einen Esel. Pia fragt: „Soll das ein Esel sein? Ich sehe eine Taube mit grauen Federn." Tom antwortet: „Dein Baum sieht auch aus wie eine Gabel." Beide lachen. *(70 Wörter)*

5. Finde die zehn WW im Text. Kreise sie ein.
   Achtung: Ein WW versteckt sich in einem zusammengesetzten Nomen.

6. Schreibe die zehn WW in Einzahl und in Mehrzahl ins Heft.

7. Erkennst du die Wörter? Ergänze er oder el.

   Wint**er** Es**el** Neb**el** Gab**el** Wurz**el**

8. Welche Silben gehören zusammen? Male die Silben aus einem Wort in der gleichen Farbe an. Schreibe die Wörter in die Zeilen. Denke an die Kommas.

   gleiche Zahl → gleiche Farbe

   Wur | zel | der ②
   Pin ① | Fens ④ | ner ⑤ | ter ⑥
   Fe ② | Na ③ | del ③ | sel ①
   Part ⑤ | Schwes ⑥ | ter ④

   Wurzel, Pinsel, Feder, Nadel,
   Fenster, Partner, Schwester

9. Die WW mit -er oder -el stecken auch in anderen Wörtern. Finde die WW und kreise sie ein.

   Fensterbrett • nebelig • Nadelbaum
   Partnerarbeit • Kindergabel • Zwillingsbruder

10. Finde noch fünf eigene Wörter mit -er und drei Wörter mit -el. Prüfe mit dem Wörterbuch. Schreibe sie auf.

11. Vergleiche mit einem Partner. Findet gemeinsam noch mehr Wörter.

12. Sammelt in der Klasse alle Wörter auf einem Plakat. Wie viele habt ihr gemeinsam gefunden?

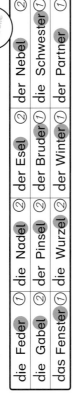

Lösungen zum Arbeitsheft „Ich werde Rechtschreib-Profi! – Klasse 2"

Wörter mit den Zwielauten ei und au

Aufgabe:	1	2	3	4	5	6	7	8	9	10	W7
erledigt:											

Ei/ei und Au/au sind Zwielaute.

Wenn ich ei ✏ höre, schreibe ich meist Ei oder ei.

Wichtige Wörter:

sch**ei**nen ②
das **Ei** ①
die M**äu**s ①

sch**ei**nen ②	l**äu**fen ②	schr**ei**en ②	die R**äu**pe ①
	sch**äu**en ②	r**ei**sen ②	k**äu**fen ②
	w**ei**t ①	b**äu**en ③	z**ei**gen ②

1. Kreise die Zwielaute bei den WW ein: ei rot, au blau.
2. Zeichne Silbentrennstriche in die WW ein, wenn möglich.
3. Male in der Tabelle die Kästchen an: Nomen blau, Verben rot und Adjektive grün.

   ① blau (Nomen)
   ② rot (Verb)
   ③ grün (Adjektiv)

4. Schreibe die WW richtig ab.

Trübes Wetter

K**ei**ne Sonne (sch**ei**nt) Paul und Mareike (l**au**fen) nicht hin**au**s. Sie (sch**au**en) nicht nach der (M**au**s) im Garten, (b**au**en) kein H**au**s für die (R**äu**pen) und essen keine gekochten (**Ei**er) im Fr**ei**bad und (z**ei**gen) keinem ihr B**au**mh**au**s. Gerne würden sie in die Ferne (r**ei**sen) ganz (w**ei**t) weg. Oder sollen sie einfach doch dr**au**ßen spielen? *(61 Wörter)*

5. Finde die elf WW im Text. Kreise sie ein.
6. Markiere alle anderen Stellen mit ei und au farbig.
7. Schreibe die Geschichte richtig ab. Schreibe aber dabei nicht ei, sondern zeichne ein Ei. Beispiel: K**Ei**ne Sonne sch**Ei**nt.

---

8. Kannst du die Zwielaute einsetzen?

schr **ei** en   sch **au** en   k **au** fen   das **Ei**
z **ei** gen   r **ei** sen   l **au** fen   w **ei** t   die R **au** pe   die M **au** s

9. Setze die Verben in der richtigen Form ein.

Familie Huber **reist** (reisen) nach Italien. Die Sonne **scheint** (scheinen).
Dort **schauen** (schauen) sie sich die Stadt Rom an.
Evi fragt (fragen): „**Kaufst** (kaufen) du uns bitte ein Eis?"
Der Vater meint: „Zuerst **zeige** (zeigen) ich euch die Stadt."

10. Ordne die WW aus der Tabelle hier richtig ein.

Ei/ei	Au/au
scheinen	laufen
schreien	die Raupe
das Ei	schauen
reisen	kaufen
weit	die Maus
zeigen	bauen

Lösungen zum Arbeitsheft „Ich werde Rechtschreib-Profi! – Klasse 2"

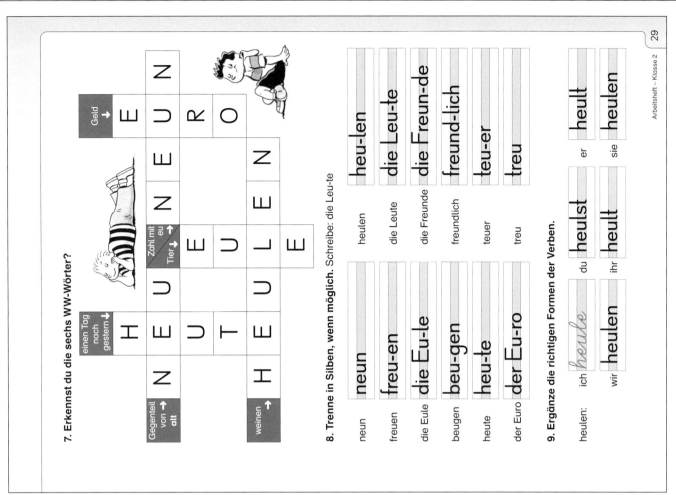

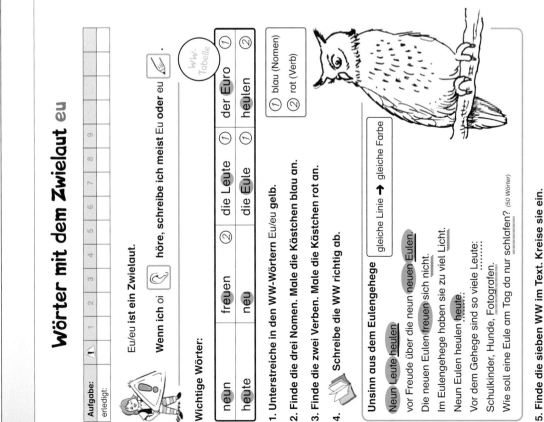

Lösungen zum Arbeitsheft „Ich werde Rechtschreib-Profi! – Klasse 2"

Wörter mit den Umlauten ö und ü

In jeder Silbe ist ein Vokal oder ein Umlaut.
Die Umlaute heißen ä, ö und ü. Umlaute können in einem Wort am Anfang oder in der Mitte stehen.

Wichtige Wörter:

grün ②	das Gemüse ②	zwölf ①	wünschen ②
üben ②	der Flügel ②	böse ②	die Tür ①
schön ①	der Körper ①	fünf ①	die Blüte ②

1. Male in der WW-Tabelle die Kästen an: Wörter mit ö gelb, Wörter mit ü grün.
   ① gelb (ö)   ② grün (ü)

2. Finde die fünf Nomen. Kreise sie blau ein.
3. Zeichne Silbentrennstriche in die WW ein, wenn möglich.
4. Schreibe die WW richtig ab.

Hat Özkan einen Vogel?

Özkan hat keinen Vogel. Er findet Vögel <u>schön</u>, aber nur, wenn sie ihre <u>Flügel</u> frei bewegen können. Sie sollen über <u>grüne</u> Wiesen und bunte <u>Blüten</u> fliegen. Sein Freund Günter hat <u>fünf</u> Vögel. Die <u>Tür</u> ihres Käfigs ist immer geschlossen, sie müssen <u>Körper</u> an <u>Körper</u> sitzen. Das macht Özkan <u>böse</u> und die Tiere tun ihm leid. Er <u>wünscht</u> ihnen ein Leben in Freiheit. *(66 Wörter)*

5. Finde die neun WW im Text. Kreise sie ein.
6. Schreibe drei oder mehr Sätze ab. Verwende für WW eine andere Farbe.
7. Was denkt Özkan über Vögel im Käfig? Schreibe dazu einen Satz auf.

8. Schreibe die WW unter die Bilder.

die Blüte | das Gemüse | der Flügel | die Tür

9. Buchstabensuppe! Finde und schreibe die Wörter.

die Blüte | grün
üben | zwölf

10. Ordne die WW ein. Denke dir mit einem Partner Wörter für leere Felder aus.

	Ö/ö	Ü/ü
Nomen mit Artikel	der Körper	der Flügel
	die Köche	das Gemüse
	Özkan	die Tür
	das Öl	die Blüte
Verb	hören	üben
	stören	wünschen
Adjektiv	schön	hübsch
	böse	müde
Zahlwort	zwölf	fünf

Lösungen zum Arbeitsheft „Ich werde Rechtschreib-Profi! – Klasse 2"

Richtig abschreiben, Teil 2

Richtig abschreiben in vier Schritten

- Ich lese ein Wort oder mehrere Wörter.
- Ich merke mir schwierige Stellen besonders gut.
- Ich schreibe den Abschnitt auswendig auf.
- Ich vergleiche genau und verbessere meine Fehler.

1. Schreibe die Sätze in den vier Schritten richtig ab. Überlege selbst, wie viele Wörter du dir auf einmal merken kannst.

Im Frühling gibt es viele schöne Blumen.

Die Bienen summen überall.

Sie fliegen hin und her und sammeln Honig.

Im Sommer freuen wir uns auf die Wärme

und essen gerne Eis.

Wir spielen auf der Wiese mit dem Ball.

Im Herbst können wir den Wind hören,

wie er durch die Bäume saust.

Im Winter sehen wir die Sterne am Himmel leuchten.

2. Wie gut kannst du schon abschreiben? Kreuze an und mache die passende Übung.

☐ ☺ gut
Suche dir einen kurzen Text und schreibe ihn ab.

☐ 😐 ziemlich gut
Suche dir einen Text. Schreibe 3 Sätze ab.

☐ ☹ fällt mir schwer
Suche dir Wörter, die du üben willst. Schreibe sie ab.

Lösungen zum Arbeitsheft „Ich werde Rechtschreib-Profi! – Klasse 2"

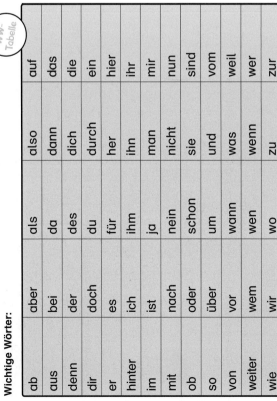

Kleine Wörter

Wichtige Wörter:

ab	dann	als	also	auf
aus	bei	da	dann	das
denn	der	des	dich	die
dir	doch	du	durch	ein
er	es	für	her	hier
hinter	ich	ihm	ihn	ihr
im	ist	ja	man	mir
mit	nach	nein	nicht	nun
ob	oder	schon	sie	sind
so	über	um	und	vom
von	vor	wann	was	weil
weiter	wem	wen	wenn	wer
wie	wir	wo	zu	zur

6. *Beispiel:* Auf meinem Tisch liegt ein Geschenk für mich, ich weiß nicht, von wem.

Lösungen zum Arbeitsheft „Ich werde Rechtschreib-Profi! – Klasse 2"

ABC ... juchhe!

Das ABC besteht aus 26 Buchstaben.
Das ABC hilft mir, Wörter zu ordnen.
Das ABC hilft mir, Wörter im Wörterbuch zu finden.

ABCDEFG
Der Igel schmatzt im grünen Klee.
HIJKLMN
Woran kaut der Igel denn?
OPQuRSTU
Warum ist jetzt plötzlich Ruh'?
VWXYZ
Der faule Igel ging ins Bett.

1. Lerne das Gedicht auswendig und sage es einem Partner auf. Wenn du es kannst, darf dein Partner hier unterschreiben:

2. Ergänze die fehlenden Buchstaben des ABC.

| A | B | C | D | E | F | G |
| N | O | P | Q | R | S | T | U | V | W | X | Y | Z |

3. Schreibe das ABC auf. Schaffst du es auswendig?

4. In jedem Wurm fehlt ein Buchstabe. Schreibe ihn dazu. Bilde aus den ergänzten Buchstaben das Lösungswort.

① A B C D E F G
② D E F G H I J
③ G H I J K L M
④ M N O P Qu R S

Lösung: FEIN

5. Fahre bei jedem Wort den ersten Buchstaben nach. Ordne die Wörter in jeder Zeile nach dem ABC. Schreibe auf.

- Baum • Apfel • Erde • Zitrone
  Apfel Baum Erde Zitrone
- Heft • Schule • Buch • Lineal
  Buch Heft Lineal Schule
- Tochter • Vater • Mutter • Familie
  Familie Mutter Tochter Vater

6. Wenn der erste Buchstabe gleich ist, musst du nach dem zweiten Buchstaben sortieren. Fahre bei jedem Wort den ersten und den zweiten Buchstaben nach. Ordne dann die Wörter in jeder Zeile nach dem ABC.

- Boden • Baum • Birne • Blume
  Baum Birne Blume Boden
- Leiter • Laden • Lied • Los
  Laden Leiter Lied Los
- Esel • Elefant • Ente • Eule
  Elefant Ente Esel Eule

7. Wie sicher bist du beim ABC? Kreuze an.

☐ 😊 ganz sicher   ☐ 🙂 ziemlich sicher   ☐ 😕 noch unsicher

Lösungen zum Arbeitsheft „Ich werde Rechtschreib-Profi! – Klasse 2"

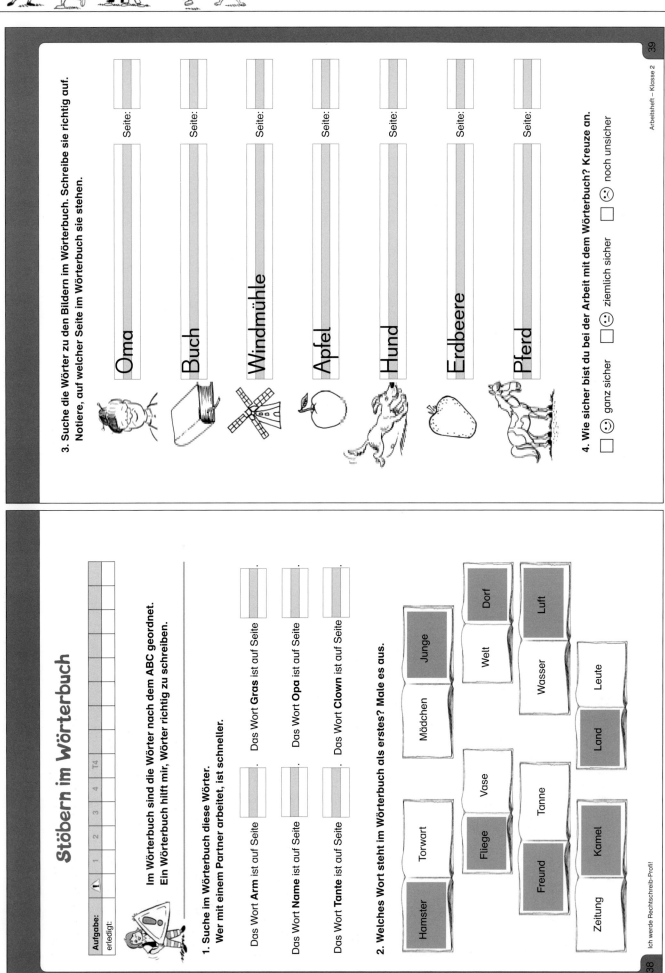

Lösungen zum Arbeitsheft „Ich werde Rechtschreib-Profi! – Klasse 2"

Wörter mit ä und äu

Wörter mit ä haben oft Verwandte mit a.
Beispiel: der Ast – die Äste

Wörter mit äu haben oft Verwandte mit au.
Beispiel: der Baum – die Bäume

Wichtige Wörter:

die Äste	die Nächte	die Bäuche	die Räume
die Kräuter	die Häute	die Blätter	die Bäume

1. Markiere in der WW-Tabelle ä und äu rot.

2. Alle WW haben Verwandte mit a oder au. Schreibe zu jedem WW einen Verwandten in die Tabelle.

der Ast	die Nacht	der Bauch	der Raum
das Kraut	die Haut	das Blatt	der Baum

3. Schreibe die WW und ihre Verwandten so auf: der Ast – die Äste

Ein ä-Gedicht – das lern ich nicht!
In der Wärme wachsen die Kräuter und Blätter,
die Bienen und Raupen, die lieben das Wetter.
In der Kälte sieht man kahle Äste von Bäumen,
auch den Winter will niemand in Räumen versäumen.
Dann werden die Nächte bald wärmer, nicht kälter,
und ich bin schon wieder ein ganzes Jahr älter. *(56 Wörter)*

4. Finde die sechs WW im Text. Unterstreiche sie.

5. Markiere alle Stellen mit ä oder äu farbig.

6. Erkennst du die WW? Ergänze Ä, ä oder äu.

die Bäuche   die Häute   die Bäume   die Nächte
die Äste   die Kräuter   die Räume   die Blätter

7. Ergänze die Einzahl oder die Mehrzahl mit Artikel. Kennzeichne Ä, ä, äu, a und au.

Einzahl	Mehrzahl
die Nacht	die Nächte
der Ast	die Äste
der Baum	die Bäume
das Blatt	die Blätter
die Laus	die Läuse

8. Schreibe die unterstrichenen Wörter richtig auf. Finde je ein verwandtes Wort als Beweis, dass du Recht hast.

Mira töpfert. Zuerst schlegt sie den Ton fest auf den Tisch. Dann formt sie Beume. Sie wartet, bis sie etwas herter geworden sind. Dann tregt sie zum Ofen, wo der Ton gebrannt wird.

richtiges Wort	Beweis	
schlägt	kommt von	schlagen
Bäume	kommt von	Baum
härter	kommt von	hart
trägt	kommt von	tragen

Lösungen zum Arbeitsheft „Ich werde Rechtschreib-Profi! – Klasse 2"

Wörter mit ie

Aufgabe:	1	2	3	4	5	6	7	8	9	W7
erledigt:	✓									

Wenn das i lang gesprochen wird, schreibe ich meist ie.

Wichtige Wörter:

der R**ie**se	l**ie**b	d**ie** B**ie**ne	d**ie** W**ie**se
die Z**ie**ge	fl**ie**gen	l**ie**gen	l**ie**ben
die T**ie**re	s**ie**ben	v**ie**l	der Br**ie**f

1. Markiere in der WW-Tabelle das ie rot.

2. Zeichne die Trennstriche in die WW ein, wenn möglich. Fällt dir etwas auf?
Sprich mit einem Partner darüber.

> Meistens werden die Wörter nach dem ie getrennt.

3. Schreibe die WW-Tabelle richtig ab.
Markiere schwierige Stellen farbig.

> Liebe Marie!
> Ich l**ie**ge auf einer W**ie**se und habe Lust, dir einen Br**ie**f zu schreiben. Hier krabbeln einige T**ie**re herum. Auch B**ie**nen fl**ie**gen durch die Luft. Stell dir vor, wir haben in der Schule gegen die R**ie**sen aus der 4b Fußball gespielt! Wir haben s**ie**ben zu drei gewonnen – ein toller S**ie**g! Oh, jetzt will eine Z**ie**ge das Briefpapier fressen! Ich schreibe dir bald wieder.
> V**ie**le Grüße, deine Radka *(68 Wörter)*

4. Finde die elf WW im Text. Kreise sie ein.

5. Schreibe selbst einen ie-Brief an ein Kind deiner Klasse.
Das Wörterbuch kann dir helfen.

So viele ie-Wörter habe ich eingebaut: _____

---

6. Schreibe die passenden WW unter die Bilder.

die W**ie**se   die B**ie**ne   die Z**ie**ge   der Br**ie**f

7. Erkennst du die Wörter? Sprich dir die Wörter vor.
Höre, ob das i **lang** oder **kurz** klingt.
Ergänze zweimal i und zehnmal ie.

die Z**ie**ge   die T**ie**re   s**ie**ben   fl**ie**gen
der W**i**nter   die B**ie**ne   v**ie**le   l**ie**b
die W**ie**se   der Br**ie**f   fl**ie**gen   s**i**ngen

8. Errätst du die WW? Schreibe sie in Silben auf.

Das Gegenteil von stehen.   *lie-gen*

Sie fliegt herum und sammelt Nektar.   die Bie-ne

Ein Vogel kann es.   flie-gen

Er ist das Gegenteil eines Zwergs.   der Rie-se

9. Schau dir noch einmal die Wörter von Aufgabe 8 an.
Welche Sätze sind richtig? Kreuze an.

☐ Das ie steht in der zweiten, unbetonten Silbe.
☒ Das ie steht in der ersten, betonten Silbe.
☒ Das ie steht am Ende der Silbe.
☐ Das ie steht am Anfang der Silbe.

Lösungen zum Arbeitsheft „Ich werde Rechtschreib-Profi! – Klasse 2"

Wörter mit st und sp

7. Schreibe das WW mit St/st unter das Bild.

der Strauch · der Stift · die Stirn · der Stängel

8. Ordne die WW nach dem ABC.
Tipp: Achte auf den ersten unterschiedlichen Buchstaben.

Strauch ◆ Stunde ◆ Stift ◆ sparen ◆ Stängel ◆ Stirn

1. sparen	2. Stängel	3. Stift
4. Stirn	5. Strauch	6. Stunde

9. Findest du die WW? Schreibe sie in die Zeilen darunter, mit Kommas getrennt. Achte darauf, ob du groß oder klein schreibst.

SPORTSPRECHENSTEINSTERNSPAREN

Sport, sprechen, Stein, Stern, sparen

10. Finde im Wörterbuch oder in der WW-Liste weitere Wörter mit st oder sp. Trage sie ein.

(st) der Stern · der Stiel
der Storch · **Beispiele** · spannend · das Spiegelei
stehen · der Stall · das Spiel · der Spitzer · die Spritze
der Stempel

(sp) spucken

Wörter mit st und sp

Aufgabe: erledigt: 1 2 3 4 5 6 7 8 9 10

Wenn ich **schp** höre, schreibe ich Sp oder sp.

Wenn ich **scht** höre, schreibe ich St oder st.

Wichtige Wörter:

der St<u>i</u>ft ①	die Stun<u>d</u>e ①	der Strauch ①	spre<u>ch</u>en ②
sp<u>ie</u>len ②	die Stirn ①	der Stän<u>g</u>el ①	der Sport ②
sp<u>a</u>ren ②	der Stein ①	die Spra<u>ch</u>e ②	der Stern ①

WW-Tabelle

1. Male die Kästchen in der WW-Tabelle an: Wörter mit St/st rot und mit Sp/sp blau.

① rot (st)
② blau (sp)

2. Unterstreiche alle Nomen blau und alle Verben rot.

—— blau (Nomen)
····· rot (Verben)

3. Zeichne die Silbentrennstriche in die WW ein, wenn möglich.

4. Schreibe die WW richtig ab. Markiere schwierige Stellen farbig.

Unser Lieblingsspiel

Gestern wurde Mira acht. Sie durfte sich wünschen, was wir <u>spielen</u>. Sie runzelte kurz die Stirn und <u>sprach</u>: „Ich möchte ein Stern-Spiel machen." Dabei stehen wir im Kreis und werfen uns Wolle zu. Dazu sagen wir dem Fänger einen netten Satz. Es ist spannend, was der andere sagt. Dabei entsteht ein Stern aus dem Faden. Der sagt auch eine Sprache. Wir gehören zusammen. Wir haben eine Stunde gespielt. Das war noch schöner als Sport! (76 Wörter)

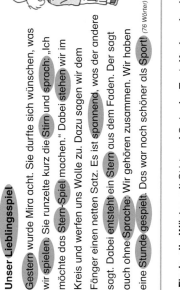

5. Finde alle Wörter mit St/st und Sp/sp im Text. Kreise sie ein.

6. Schreibe den Text richtig in dein Heft ab.

Lösungen zum Arbeitsheft „Ich werde Rechtschreib-Profi! – Klasse 2"

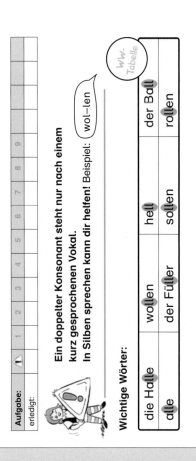

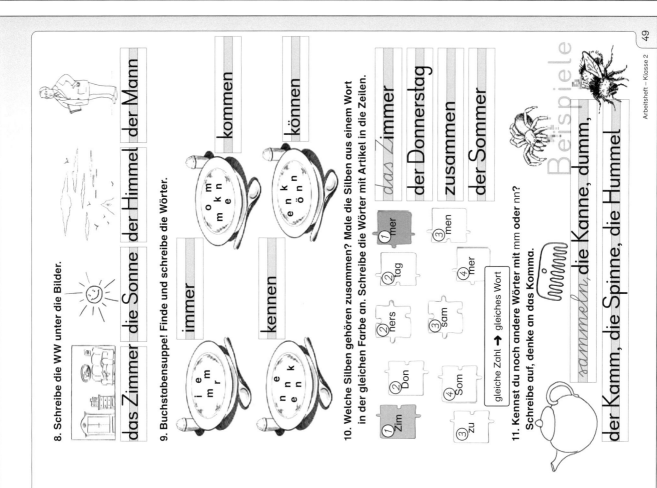

Lösungen zum Arbeitsheft „Ich werde Rechtschreib-Profi! – Klasse 2"

Wörter mit den Doppelkonsonanten tt, pp, rr, ss

Ein doppelter Konsonant steht nur nach einem kurz gesprochenen Vokal.

Wichtige Wörter:

gleiche Zahl → gleiche Farbe			
das Wasser ①	die Puppe ③	müssen ①	die Mutter ②
der Schmetterling ②	die Klasse ①	der Herr ④	das Wetter ②

1. Welche Wörter mit doppeltem Konsonant sind für dich noch wichtig? Trage sie bei den WW ein.

2. Markiere in der WW-Tabelle Wörter mit gleichem Doppelkonsonant in der gleichen Farbe.

3. Kreise den kurz gesprochenen Vokal vor dem Doppelkonsonant ein.

4. Schreibe die WW ab. Markiere schwierige Stellen.

Der Ausflug

Am Mittwoch geht die Klasse 2c an einen Teich. Eine Mutter begleitet die Gruppe. Am Wasser entdecken sie auch Schmetterlinge. Herr Otter erklärt: „Ein Schmetterling entsteht aus einer Raupe, die sich verpuppt. Aus der Hülle der Puppe schlüpft der Schmetterling." Mittags essen die Kinder etwas. Lottas Schokolade ist bei dem warmen Wetter flüssig geworden. Danach müssen sie zur Schule zurück. (62 Wörter)

5. Finde die acht WW im Text. Kreise sie rot ein.

6. Verlängere einen Satz aus dem Text um zwei Wörter.

7. Schreibe den Text ab. Verwende für WW eine andere Farbe.

---

8. Erkennst du die WW in Spiegelschrift? Schreibe auf.

Klasse	Herr
Wasser	Mutter
müssen	Puppe

9. Ordne die WW nach den doppelten Konsonanten ein. Versuche, Lücken durch andere Wörter zu füllen.

tt	rr	pp	ss
die Mutter	der Herr	die Puppe	das Wasser
der Schmetterling	klirren *Beispiel*	stoppen *Beispiel*	müssen
das Wetter			die Klasse
bitten			essen *Beispiele*
der Mittwoch			flüssig

10. In jedem Satz findest du zwei Fehler. Markiere sie. Schreibe dann die Sätze richtig auf.

die Klasse ist nett.
Die Klasse ist nett.

Maria spielt am Mittwoch mit ihrer Pupe.
Maria spielt am Mittwoch mit ihrer Puppe.

Die Kinde müssen in der Pause etwas esen.
Die Kinder müssen in der Pause etwas essen.

Lösungen zum Arbeitsheft „Ich werde Rechtschreib-Profi! – Klasse 2"

Wörter mit ck und tz

Aufgabe:	1	2	3	4	5	6	7	8	9	10	11	12
erledigt:												

Die doppelten Konsonanten kk und zz gibt es nur selten.
Meist schreibe ich stattdessen ck und tz.

Wichtige Wörter:

die Hecke	sit(z)en	die Lü(ck)e	der Rü(ck)en
die Ka(tz)e	(dick)	der Wi(tz)	ba(ck)en
die Brü(ck)e	der Pla(tz)	der Sa(tz)	der Schmu(tz)

1. Markiere in der WW-Tabelle ck rot und tz blau.
   (WW-Tabelle: rot (ck) / blau (tz))

2. Finde die Nomen. Schreibe den Artikel davor.

3. Schreibe die WW richtig ab. Markiere schwierige Stellen farbig.

Eine (Katze) für Leonie?

Hinter dem Haus der Beckers ist eine Hecke. Dort sitzt oft eine Katze. Leonie beobachtet sie von ihrem Platz am Fenster aus. Heute versucht sie, die Katze mit etwas Futter anzulocken. Das Tier benutzt einen dicken Ast als Brücke und kommt heran. Dann hüpft sie Leonie plötzlich mit einem Satz auf den Rücken. Auch die Mutter findet das Kätzchen süß. Ob Leonie die Katze behalten darf? *(70 Wörter)*

4. Finde die acht WW im Text. Kreise sie ein.

5. Stelle einen Satz aus dem Text um. **Oft sitzt dort eine Katze.**

6. Schreibe den Text ab. Verwende für WW eine andere Farbe.

---

7. Erkennst du die WW? Setze die richtigen Buchstaben ein.

die He **ck** e   die Ka **tz** e   der Wi **tz**

der Pla **tz**   der Sa **tz** en

ba **ck** en   der Schmu **tz**   si **tz** en   die Lü **ck** e

8. Setze die Wörter mit Artikel in die Mehrzahl.

Einzahl	Mehrzahl
die Hecke	die Hecken
die Katze	die Katzen
der Rücken	die Rücken
der Satz	die Sätze

9. In dieser Zeile sind vier Wörter falsch geschrieben. Schreibe sie richtig auf.

♦ Plazz ♦ backen ♦ Satz ♦ Brükte ♦ Schmuz ♦ Kaze

der Platz, die Brücke, der Schmutz, die Katze

10. Finde mit dem Wörterbuch noch andere Wörter mit tz oder ck. Schreibe sie hier auf.

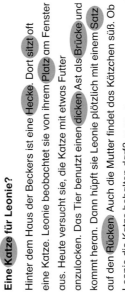

Beispiele: der Sack, die Flocke, stecken, schmücken, ck, dick, die Decke, die Tatze, flitzen, plötzlich, tz, spitz, der Schatz

11. Vergleiche mit einem Partner. Findet gemeinsam noch mehr Wörter.

12. Sammelt in der Klasse alle Wörter auf einem Plakat. Wie viele habt ihr gemeinsam gefunden?

Lösungen zum Arbeitsheft „Ich werde Rechtschreib-Profi! – Klasse 2"

Wörter mit d oder t am Ende

Wichtige Wörter:

der Abend	der Freund	der Wind	das Pferd
gesun**d**	das Kin**d**	das Fel**d**	der Mun**d**
der Hun**d**	das Gel**d**	das Bil**d**	das Klei**d**

1. Markiere in der WW-Tabelle alle d rot.
2. Finde die Nomen. Schreibe den Artikel davor.
3. Verlängere die WW, wenn du kannst. Markiere schwierige Stellen. Schreibe so: der Abend – die Abende.

Ferienzeit

Meer, Sand, Sonne, Wind,
das gefällt doch jedem <u>Kind</u>.
Niemand tut was auf dem <u>Feld</u>,
keiner spart sein Taschengeld.
Auch die Sprache klingt ganz fremd.
Papa geht heut ohne Hemd.
Wir essen gut, nur nicht <u>gesund</u>,
auch unser <u>Hund</u> wird kugelrund.
Daheim kommen <u>Bilder</u> an die <u>Wand</u>,
dann träumen wir vom schönen <u>Strand</u>. *(54 Wörter)*

4. Finde die sieben WW im Text. Unterstreiche sie rot. Achtung, ein WW hat sich in einem Wortverwandten versteckt!
5. Schreibe den Text ab. Verwende für WW eine andere Farbe.

---

6. Ergänze die Artikel der, die oder das. Sprich dir die Wörter verlängert in der Mehrzahl vor. Schreibe sie auf. Kreise das hörbare d in der Mehrzahl ein.

Einzahl	Mehrzahl	Einzahl	Mehrzahl
das Feld	die Fel**d**er	das Bild	die Bil**d**er
der Freund	die Freun**d**e	das Pferd	die Pfer**d**e
das Kind	die Kin**d**er	das Kleid	die Klei**d**er

7. Sprich dir die verlängerten Wörter deutlich vor. Bei welchen kannst du gut hören, ob du d oder t schreiben musst? Male die Felder aus.

der Hund — die Hündin — der Wachhund — ein gesundes Kind

gesund — die Gesundheit — die Hunde — gesünder — die Windstärke

der Wind — die Windjacke — windig

8. Schreibst du d oder t? Schreibe zuerst die Mehrzahl auf. Sprich deutlich mit. Ergänze dann d oder t in der Einzahl.

	Mehrzahl	Einzahl
	die Brote	das Bro**t**
	die Hemden	das Hem**d**
	die Wälder	der Wal**d**
	die Zelte	das Zel**t**

9. Suche dir einen Partner. Lies ihm Wörter aus Aufgabe 8 oder aus der WW-Tabelle in der Einzahl vor. Dein Partner spricht die Wörter verlängert. Er sagt, ob das Wort mit d oder t geschrieben wird.

Wörter mit b oder p, g oder k am Ende

Aufgabe: 1 2 3 4 5 6 7 8 9
erledigt:

Die Buchstaben b und p, g und k klingen
am Wortende oder im Verb oft sehr ähnlich.
Ich kann den Unterschied hörbar machen:
Ich verlängere oder bilde die Grundform.
Beispiel: der Tag – die Tage, gelb – gelbe, er lügt – lügen

Wichtige Wörter:

der	Tag	②	eng	②	sie lobt	①	der	Montag	②
der	Bub	①	gelb	①	er klebt	①		sie trägt	②
der	Weg	②	wenig	②	es schlägt	②		er bewegt	②

WW-Tabelle

① blau (b)
② grün (g)

1. Male in der WW-Tabelle die Kästchen an: b-Wörter blau und g-Wörter grün.
2. Finde die Nomen. Schreibe den Artikel davor.
3. Verlängere die WW.
   Schreibe so: der Tag – die Tage, eng – die enge Hose, sie lobt – loben

Georg hat Wortkarten vertauscht!
Am Montag (trägt) Frau Berg die Kinder oft.
Der (Bub)(klebt) sich viel im Sportunterricht.
Auf dem (Weg) nach Hause (schlägt) Nino seine Schultasche.
Der Tennisspieler (lobt) einen (gelben) Ball über das Netz.
Lisa (bewegt) jeden (Tag) Aufkleber in ihr Sammelheft. (45 Wörter)

4. Finde die zehn WW im Text. Kreise sie ein.
5. Schreibe den Text mit den richtigen Wörtern ab. Verwende für WW eine andere Farbe.
6. Erfinde andere Unsinnssätze mit den WW.

---

7. Verlängere diese Wörter im Kopf. Trage dann die richtigen Buchstaben ein. Schreibe die Wörter in das richtige Schild.

g oder k?
die Ban k ◆ der Kru g ◆ star k ◆ schlan k ◆ der Samsta g

die Bank
stark
schlank

der Krug
der Samstag

b oder p?
der Kor b ◆ der Sta b ◆ das Sie b

der Korb
der Stab
das Sieb

8. Wie schreibst du die Wörter richtig?
Bilde die Grundform, dann erkennst du es. Trage dann ein.

sie bewe g t → g oder k?   Grundform: bewegen
er qua k t → g oder k?   Grundform: quaken
ihr hu p t → b oder p?   Grundform: hupen
ihr ha b t → b oder p?   Grundform: haben

9. Wie gut erkennst du, ob d, b oder g
am Ende eines Wortes geschrieben wird?

☐ 😊 sehr gut   ☐ 🙂 ziemlich gut   ☐ 😐 noch nicht so gut

Lösungen zum Arbeitsheft „Ich werde Rechtschreib-Profi! – Klasse 2"

Wörter mit h

Aufgabe:	1	2	3	4	5	6	7	8	9	10	11	W5
erledigt:												

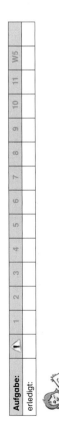

Manche Wörter mit h muss ich mir merken.
Ich kann das h nicht hören.

Wichtige Wörter:

der Frühling	das Jahr	das Ohr	die Zahl
nehmen	fahren	die Uhr	der Zahn
zahlen	zählen	gehen	zehn

1. Markiere in der WW-Tabelle das h blau.
2. Finde die Nomen. Schreibe den Artikel davor.
3. Zeichne Silbentrennstriche in die WW ein, wenn möglich.

Lieber Onkel Adi!

Das Schul<u>jah</u>r ist bald zu Ende. Wir haben viel gelernt: wie Frü<u>h</u>lingsblumen heißen, wie wir die Zä<u>h</u>ne richtig putzen und wie man die U<u>h</u>r liest. Wir wissen, warum die Kühe Milch geben und was das O<u>h</u>r alles kann. Wir haben zuerst bis ze<u>h</u>n oder 20 ge<u>zäh</u>lt und dann mit Za<u>h</u>len bis 100 gerechnet. Was wir wohl im nächsten Jahr noch lernen? Deine Sarah *(66 Wörter)*

4. Finde die acht WW im Text. Kreise sie ein.
   Achtung, einige WW haben sich in Wortverwandten versteckt!
5. Schreibe den Text richtig ab.
   Verwende für WW eine andere Farbe.

---

6. Erkennst du die acht WW in dem Rätsel? Kreise sie ein.

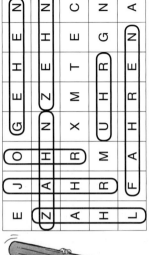

E	J	O	G	E	H	E	N
Z	A	H	N	Z	E	H	N
A	H	R	X	M	T	E	C
H	R	M	U	H	R	G	N
L	F	A	H	R	E	N	A

Tipp! Die Wörter stehen von oben nach unten und von links nach rechts.

7. Bilde mit den Verben *fahren* und *zählen* neue Verben mit den Wortbausteinen *vor-, ver-, aus-*.

8. Der Wortstamm ist ein wichtiger Wortbaustein.
   Wörter mit dem gleichen Wortstamm sind verwandte Wörter.
   Finde die Wortstämme *fahr* und *zahl* in diesen verwandten Wörtern.
   Unterstreiche in verschiedenen Farben.

   das <u>Fahr</u>rad • <u>fahr</u>en • be<u>zahl</u>en

   ab<u>fahr</u>en • die <u>Zahl</u> • sie <u>zähl</u>t

   die Aus<u>fahr</u>t • auf<u>zähl</u>en • es <u>fähr</u>t

   — Wortstamm fahr
   ····· Wortstamm zahl

9. Schau dir die Wortstämme aus Aufgabe 8 noch einmal an.
   Überlege: Was bleibt gleich? Was verändert sich?

10. Kreuze an, was richtig ist.
    ☐ Der Wortstamm bleibt immer genau gleich.
    ☒ Der Wortstamm kann sich ändern.
    ☒ Das h im Wortstamm finde ich auch bei den verwandten Wörtern.
    ☐ Der Wortstamm wird immer klein geschrieben.

11. Findest du weitere Wörter mit dem Wortstamm *fahr*?

    <u>Einfahrt, Fahrtwind, Zugfahrt</u>   *Beispiele*

Lösungen zum Arbeitsheft „Ich werde Rechtschreib-Profi! – Klasse 2"

Wörter mit v

Aufgabe: | 1 | 2 | 3 | 4 | 5 | 6 | 7 | 8 | 9 | 10 | 11 |

Manchmal höre ich f, schreibe aber v (Vater).
Manchmal höre ich w, schreibe aber v (Vampir).

Wichtige Wörter:

der	**V**ater
der	**V**ogel
	vor

WW-Tabelle

vorfinden	**v**iel	**v**erlieren
versuchen	**v**ergeben	**N**o**v**ember
die **V**ase	**v**ier	**v**ortragen

Beispiele

1. Ergänze die WW-Tabelle mit eigenen wichtigen V-Wörtern.
2. Male in der WW-Tabelle v und V rot an.
3. Kreise in der WW-Tabelle die Wortbausteine ver- oder vor- ein.
4. Schreibe die WW-Tabelle ab. Markiere schwierige Stellen farbig.

Der Kuckuck

Olivers (Vater) verbringt viel Zeit damit, (Vögel) zu beobachten. Er erzählt Oliver vom Kuckuck. Dieser ist ein Zugvogel, der bereits (vor) September nach Südafrika fliegt. Er baut kein Nest. Er (versucht), seine Eier in fremde Nester zu legen und sie von anderen Vögeln ausbrüten zu lassen. Wenn er fremde Eier (vorfindet), wirft er viele davon aus dem Nest. Oliver will in der Schule etwas zum Kuckuck vortragen. *(69 Wörter)*

5. Finde die fünf WW im Text. Kreise sie rot ein.
6. Schreibe den Text in dein Heft, verwende für WW eine andere Farbe.
7. Schreibe noch fünf Verben mit den Wortbausteinen vor-, ver- in dein Heft. Du kannst in dem Text und im Wörterbuch suchen.

---

8. Buchstabensuppe! Finde und schreibe die Wörter.

ver**suchen** | vor**finden**

der **V**ogel | der **V**ater

9. Verbinde mit einem Strich, in welches Tor das Wort gehört. Achtung: Manche Wörter passen auf zwei Seiten. Trage die Wörter dann richtig ein.

ver-
- verlernen — -lernen
- versuchen — -finden / -zeigen / -suchen
- vergeben — -geben / -tragen / -laufen
- vertragen — -bringen
- verlaufen
- verbringen

vor-
- vorfinden
- vorzeigen
- vorgeben
- vortragen
- vorlaufen
- vorbringen

10. In dem Satz stecken drei Fehler. Kreise sie ein. Berichtige.

Olivers ~~Fater~~ ~~fersucht~~, einen ~~Fogel~~ zu zeichnen.

Olivers Vater versucht, einen Vogel zu zeichnen.

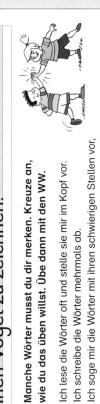

11. Manche Wörter musst du dir merken. Kreuze an, wie du das üben willst. Übe dann mit den WW.

☐ Ich lese die Wörter oft und stelle sie mir im Kopf vor.
☐ Ich schreibe die Wörter mehrmals ab.
☐ Ich sage mir die Wörter mit ihren schwierigen Stellen vor, zum Beispiel „vor – mit v".

Lösungen zum Arbeitsheft „Ich werde Rechtschreib-Profi! – Klasse 2"

Wörtermix 1

Aufgabe:	▲	1	2	3	4	5	6	7	8	9	10	11	12	T4
erledigt:														

Wichtige Wörter:

vier	groß	das M**äd**chen
das Q**u**a**d**rat	der Q**u**atsch	der Fu**ß**
die Q**ue**l|le	die S|pa|ge**tt**i	

1. Ergänze die WW-Tabelle mit eigenen Wörtern, die du dir merken willst.
2. Markiere die für dich schwierigen Stellen in den Wörtern rot.
3. Finde die Nomen. Schreibe den Artikel davor.
4. Zeichne Silbentrennstriche ein, wenn möglich.
5. Schreibe jedes WW eine ganze Zeile lang auf. Markiere schwierige Stellen farbig.

Das bin ich

Ich heiße Fatma, bin ein (Mädchen) und 140 cm (groß).
Meine Augen sind dunkel. Am liebsten esse ich
Eis und (Spagetti) Ich liebe den Winter, wenn es kalt
und frostig ist. Ich gehe jeden Tag zu (Fuß) zur
Schule. Heute lerne ich etwas über (Quadrate) und andere
Formen. Die Schule finde ich toll. *(56 Wörter)*

6. Finde die fünf WW im Text. Kreise sie ein.
7. Schreibe den Text richtig ab. Verwende für WW eine andere Farbe.
8. Schreibe ein **Das bin ich** von dir selbst.

---

9. Errätst du die WW? Schreibe sie mit Artikel auf.

Beginn eines Flusses	**die Quelle**
lange Nudeln	**die Spagetti**
eine viereckige Form	**das Quadrat**

10. Ergänze diese WW richtig. Kreise alle Stellen ein, die für dich schwierig sind.

das **Qu**adrat   der Fu**ß**   gro**ß**

v**ie**r   das M**ä**dchen   **Qu**atsch

11. In jeder Zeile findest du ein falsch geschriebenes Wort. Streiche es durch und schreibe es richtig daneben.

Fuß ◆ ~~groß~~ ◆ vier   **groß**

Spagetti ◆ Quatsch ◆ ~~Quelle~~   **die Quelle**

~~vier~~ ◆ Quelle ◆ groß   **vier**

~~Mädchen~~ ◆ Fuß ◆ Quadrat   **das Mädchen**

12. Kannst du aus diesen Wörtern einen Fragesatz bilden?
Tipp: Das Verb steht am Anfang. Es verändert sich.

zur   Schule   gehen   Fatma   zu   Fuß

Frage: **Geht Fatma zu Fuß zur Schule?**

Lösungen zum Arbeitsheft „Ich werde Rechtschreib-Profi! – Klasse 2"

Wörtermix 2

Aufgabe:	⚠	1	2	3	4	5	6	7	8	9	10	11
erledigt:												

Wichtige Wörter:

die Hexe	der Kaiser	der Clown	der Mai
der Cent	der Hai	der Computer	das Baby

(WW-Tabelle) ● Beispiele

1. Markiere die für dich schwierigen Stellen in den Wörtern rot.

2. Finde die Nomen. Schreibe den Artikel davor.

3. Zeichne Silbentrennstriche ein, wenn möglich.

4. Schreibe jedes WW eine ganze Zeile lang. Markiere schwierige Stellen farbig.

Im Spielwarenladen

Es war Mai. Ich fuhr mit dem Rad zu einem großen Geschäft mit Spielwaren. Ich entdeckte dort Babypuppen, Lerncomputer, Hexenbesen, einen Hai aus Plastik und einen lustigen Clown. Leider hatte ich nur zehn Cent dabei. Bald habe ich Geburtstag, dann fahre ich noch einmal hin. *(47 Wörter)*

5. Finde die sieben WW im Text. Kreise sie ein. Achtung, einige WW haben sich in Wortverwandten versteckt.

 **6.** Schreibe den Text richtig ab. Verwende für WW eine andere Farbe.

 **7.** Was würdest du im Spielzeugladen entdecken? Zähle drei Beispiele in ganzen Sätzen auf.

---

8. Schaffst du es, alle WW so klein zu schreiben, dass sie in diesem Feld Platz haben, leserlich und ohne Fehler sind?

die Hexe, der Kaiser, der Clown, der Mai, der Cent, der Hai, der Computer, das Baby

9. Ergänze diese WW richtig. Kreise alle für dich schwierigen Stellen ein.

der Mai   der Cent   der Clown   der Kaiser

die Hexe   das Baby   der Computer   der Hai

10. Unterstreiche die vier Fehler in den WW. Schreibe den Text richtig auf. Achte auf Groß- und Kleinschreibung.

ALLE MÄDCHEN ARBEITEN HEUTE AM K<u>O</u>MPUTER. DIE MINUTE KOSTET DREI SENT. SIE SUCHEN IM WÖRTERBUCH DIE WÖRTER KE<u>I</u>SER, CL<u>A</u>UN UND HEXE.

<u>Alle Mädchen arbeiten heute am Computer.</u>
<u>Die Minute kostet drei Cent.</u>
<u>Sie suchen im Wörterbuch</u>
<u>die Wörter Kaiser, Clown</u>
<u>und Hexe.</u>

11. Manche Wörter musst du dir merken. Wie gelingt dir das besonders gut? Kreuze an oder schreibe.

☐ Ich lese die Wörter oft und stelle sie mir im Kopf vor.
☐ Ich schreibe die Wörter mehrmals ab.
☐ Ich sage mir die Wörter mit ihren schwierigen Stellen vor, zum Beispiel „Mai – mit ai".
☐ Ich habe einen anderen Trick:

Literaturhinweise

„Ich werde Rechtschreib-Profi!" auch für Klasse 3 und 4

Haertlmayr, Claudia; Schubart, Sabine:
Rechtschreiben selbstständig üben.

Ich werde Rechtschreib-Profi! – Klasse 3. Arbeitsheft. 2. Aufl.
Verlag an der Ruhr, 2010.
ISBN 978-3-8346-0364-7

Ich werde Rechtschreib-Profi! – Klasse 3. Lehrerband. 2. Aufl.
Verlag an der Ruhr, 2010.
ISBN 978-3-8346-0366-1

Ich werde Rechtschreib-Profi! – Klasse 4. Arbeitsheft. 2. Aufl.
Verlag an der Ruhr, 2010.
ISBN 978-3-8346-0365-4

Ich werde Rechtschreib-Profi! – Klasse 4. Lehrerband. 2. Aufl.
Verlag an der Ruhr, 2010.
ISBN 978-3-8346-0367-8

Rechtschreib-Profi! – Übungskartei. Grundwortschatz – Stufe 1.
Kl. 3–4, Verlag an der Ruhr, 2009.
ISBN 978-3-8346-0546-7

Rechtschreib-Profi! – Übungskartei. Grundwortschatz – Stufe 2.
Kl. 3–4, Verlag an der Ruhr, 2009.
ISBN 978-3-8346-0547-4

Grundschul-Wörterbücher

Fesl, Anemone u.a.:
Mein großes Wörterbuch für die Grundschule.
Compact, 2013.
ISBN 978-3-8174-8992-3

Holzwarth-Raethe, Ulrike u.a.:
Duden – Das Grundschulwörterbuch.
6. überarb. Aufl.
Bibliographisches Institut, 2012.
ISBN 978-3-411-06066-5

Hoppenstedt, Gila; Richardson, Karen:
Langenscheidt Grundschulwörterbuch Deutsch.
Langenscheidt, 2013.
ISBN 978-3-468-20610-8

Sennlaub, Gerhard u.a.:
Von A bis Zett, Allgemeine Ausgabe 2012.
Wörterbuch für Grundschulkinder, mit Bild-Wort-Lexikon Englisch und CD-ROM.
Cornelsen, 2013.
ISBN 978-3-06-083217-0

Deutsch

Füssenich, Iris; Löffler, Cordula:
Materialheft Schriftspracherwerb.
Reinhardt, 2009.
ISBN 978-3-497-02116-1

Jeuk, Stefan; Schäfer, Joachim:
Schriftsprache erwerben – Didaktik für die Grundschule.
Cornelsen, 2013.
ISBN 978-3-589-03937-1

Schmitz, Leo:
Den Schriftspracherwerb individuell fördern.
Verlag an der Ruhr, 2013.
ISBN 978-3-8346-2448-2

Stang, Christian:
Rechtschreibung – Grundlagen. Merk-Poster.
Verlag an der Ruhr, 2013.
ISBN 978-3-8346-2253-2

Stang, Christian:
Rechtschreibung – Aufbauwissen. Merk-Poster.
Verlag an der Ruhr, 2013.
ISBN 978-3-8346-2254-9